प्रशासनिक हिन्दी निपुणता

हरिबाबू कंसल

प्रभात प्रकाशन दिल्ली

प्रकाशक • **प्रभात प्रकाशन**
4/19 आसफ अली रोड,
नई दिल्ली–110002
संस्करण • 2017

मूल्य • तीन सौ पचास रुपए
मुद्रक • नरुला प्रिंटर्स, दिल्ली

PRASHASANIK HINDI NIPUNATA *by* Hari Babu Kansal ₹ 350.00
Published by Prabhat Prakashan, 4/19 Asaf Ali Road, New Delhi-2
e-mail: prabhatbooks@gmail.com ISBN 978-93-5266-274-6

प्राक्कथन

अब अनेक सरकारी कार्यालयों में हिन्दी का प्रयोग होने लगा है। आशा है हिन्दी में काम की मात्रा धीरे-धीरे और बढ़ती जाएगी।

हिन्दी में काम की शुरुआत होना अच्छी बात है किन्तु इससे कभी-कभी उन व्यक्तियों को कठिनाई महसूस होती है जो हिन्दी अधिक नहीं जानते। यह कठिनाई विशेषतः इस कारण से होती है कि अंग्रेजी शब्दों के हिन्दी में पर्याय देने वाले अनेक शब्दकोश हैं लेकिन हिन्दी के प्रशासनिक शब्दों के अंग्रेजी पर्याय देने वाले अच्छे शब्दकोश उपलब्ध नहीं हैं। इस स्थिति में जब हिन्दी में लिखी टिप्पणियां या पत्र कम हिन्दी जानने वाले व्यक्तियों के पास पहुंचते हैं तो उन्हें उनका ठीक आशय समझने में कठिनाई अनुभव होती है।

अंग्रेजी-हिन्दी शब्दकोशों में भी जहां एक शब्द के कई पर्याय दिये होते हैं, वहां भी कई बार नये हिन्दी सीखने वाले व्यक्तियों को यह तय करना मुश्किल हो जाता है कि किस पर्याय का किस अर्थ में प्रयोग करना ठीक होगा।

एक कठिनाई और भी रही है। कई व्यक्ति हिन्दी सहज और स्वाभाविक रूप से नहीं लिखते। उनका वाक्य-विन्यास अस्वाभाविक होता है और शैली बहुत जटिल।

इस संकलन में ऐसे हिन्दी शब्द दिये जा रहे हैं जिनका प्रशासनिक कामों में बहुधा प्रयोग होता है। प्रत्येक शब्द के आगे उसके अंग्रेज़ी पर्याय कोष्ठक में दिये गये हैं। जहां एक शब्द के कई अर्थ होते हैं वहां सारे अर्थ न देकर केवल वे ही पर्याय दिये गये हैं जिनका इस्तेमाल अधिकतर प्रशासनिक क्षेत्र में होता है। इन शब्दों का आशय ठीक तरह से समझ में आ जाए इस उद्देश्य से शब्दों का प्रयोग भी ऐसे वाक्यों में किया गया है जो आमतौर से सरकारी कार्यालयों में लिखे जाते हैं।

इस संकलन में जहां विभिन्न हिन्दी शब्दों के अंग्रेजी पर्याय मिलेंगे वहीं उन शब्दों का प्रयोग करते हुए सहज और स्वाभाविक शैली में लिखे गये वाक्यों का भी परिचय मिलेगा। जो व्यक्ति सरकारी कामकाज में हिन्दी के प्रयोग की शुरुआत-करना चाहते हैं, उन्हें इन वाक्यों के नमूनों से काफ़ी सहायता मिलेगी।

हमें जिन शब्दों के अर्थ मालूम हैं, यदि उनके विपरीत अर्थ वाले शब्दों की भी जानकारी हो तो एक तो मूल शब्द का ग़लत ढंग से प्रयोग करने से बचा जा सकता है और दूसरे उन शब्दों का प्रयोग अधिक प्रभावशाली ढंग से किया जा सकता है। उस दृष्टि से इस पुस्तक में विपरीतार्थक शब्द भी दिये जा रहे हैं, किंतु इसमें ऐसे शब्द ही शामिल किए गए हैं जो कार्यालयों में दैनिक व्यवहार में प्रयुक्त किये जाते हैं।

—हरिबाबू कंसल

अंक (figure, marks)

1. जितनी राशि का भुगतान किया गया है उसे अंकों में भी लिखना ज़रूरी है।

2. इस परीक्षा में मुझे सबसे अधिक अंक मिले हैं।

अंग (part, limb)

यह कार्यालय हमारे विभाग का महत्त्वपूर्ण अंग है।

अंटशंट (irrelevant, pointless)

कल की बैठक में कई सदस्य अंटशंट बात कर रहे थे।

अंत (end)

अंत में अध्यक्ष महोदय को धन्यवाद देकर बैठक की कार्रवाई समाप्त हुई।

अंतर (difference, distance)

1. अभी हिसाब में काफ़ी अंतर है, प्रयत्न करने पर भी ग़लती नहीं मिल पाई।

2. दिल्ली और मेरठ के बीच 70 कि० मी० का अंतर है।

अंतिम (last/final, ultimate)

1. मैंने ऋण की अंतिम क़िस्त चुका दी है।

2. इन सब योजनाओं का अंतिम लक्ष्य यही है कि देश समृद्ध बने।

अंदाज़ा (estimate)

अंदाज़ा है कि इस साल की फ़सल पिछले साल से कहीं अच्छी है।

अंदेशा (apprehension)

यदि आज जुलूस निकला तो शांति भंग होने का अंदेशा है।

अंधाधुंध (rashly, indiscretely)

यदि ख़र्च अंधाधुंध होता रहा तो बजट में मंजूर हुई राशि कुछ ही महीनों में समाप्त हो जायगी।

अंश (part, share)

1. जो अनुदान इस वर्ष के लिए मंजूर हुआ है उसका कुछ अंश इस काम के लिए दिया जायगा।

2. मैंने इस कंपनी के 10 अंश (शेयर) ख़रीदे हैं।

अंशदायी (contributory)

सरकार ने अपने कर्मचारियों के लाभ के लिए अंशदायी स्वास्थ्य सेवा

चलाई है ।

अंश मिसिल (part file)

मुख्य फ़ाइल वित्त मंत्रालय गई हुई है । इसलिए इस पत्र पर अंश फ़ाइल में विचार किया जा रहा है ।

अकथनीय (indescrivable)

कुछ वर्ष पूर्व गांवों में ज़मींदार मज़दूरों पर अकथनीय अत्याचार किया करते थे ।

अकसर (often, generally)

वह कार्यालय में अकसर देर से आता है, इसलिए उसके विरुद्ध कार्रवाई की जानी चाहिए ।

अकल्पनीय (unimaginable)

यह अकल्पनीय है कि वह वायदा करके उसे पूरा करने में टालमटोल करेगा ।

अकस्मात् (suddenly, unexpectedly)

यह दुर्घटना अकस्मात ही हो गई ।

अकारण ((needlessly without reason)

1. आप इस मामले में अकारण चिन्ता न करें ।

2. उसे नौकरी से अकारण निकाल दिया गया ।

अकारथ (in vain, futile)

यदि यह काम ध्यानपूर्वक किया गया तो मेहनत अकारथ नहीं होगी ।

अकाल (famine, untimely)

1. इस वर्ष वर्षा नहीं हुई, इसलिए देश के कई भागों में अकाल की स्थिति पैदा हो गई है ।

2. उसकी अकाल मृत्यु पर सभी को दु:ख है ।

अकेला (alone, by one self)

वह इस काम को किसी और की सहायता लिये बिना ही अकेला कर रहा है ।

अक्षर (letter)

कृपया अपना नाम साफ़ अक्षरों में लिखिए ।

अक्षरश: (literally, verbatim)

1. उसने अपने अधिकारी की आज्ञा का अक्षरश: पालन किया ।

2. यह उनके भाषण की अक्षरश: रिपोर्ट है ।

अख़बार (newspaper)

जो निर्णय कल का बैठक में लिये गए उनका समाचार सभी अख़बारों में छपा है ।

अखिल भारतीय (All India)

यह प्रतियोगिता अखिल भारतीय आधार पर की जा रही है।

अगला (next)

संसद का अगला अधिवेशन सितम्बर में शुरू होगा।

अगुआ (leader)

कई बार कुछ स्वार्थी लोग मज़दूरों के अगुआ बनकर उनसे अकारण हड़ताल करा देते हैं।

अग्रदाय (imprest)

सभी कार्यालयों में छोटे-छोटे भुगतान तुरन्त कर सकने के लिए कुछ अग्रदाय राशि रहती है।

अग्रणी (leading)

वह अपने नगर का अग्रणी एडवोकेट है।

अग्रसर (to move ahead)

अनेक नये कारख़ाने खुलने से देश प्रगति-पथ पर अग्रसर हो रहा है।

अग्राह्य (inadmissible)

जिस तारीख़ को आप दूसरे नगर में छः घंटे से अधिक नहीं ठहरे, उसका पूरे दिन के भत्ते का आपका दावा अग्राह्य होगा।

अग्रेषण पत्र (forwarding letter)

आपका भेजा विवरण आज प्राप्त हो गया है, लेकिन अग्रेषण पत्र पर किसी के भी हस्ताक्षर नहीं हैं।

अचंभा (surprise, astonishment)

हमें इस बात पर अचंभा है कि हमारा दो महीने पूर्व भेजा गया पत्र आपको अभी तक मिला ही नहीं।

अचल (immovable)

यदि कोई सरकारी कर्मचारी अचल सम्पत्ति ख़रीदे तो उसे उसकी सूचना अपने प्रशासनिक अधिकारी को देनी होती है।

अचानक (suddenly, unexpectedly)

उसकी बदली (ट्रांसफ़र) के आदेश अचानक ही हुए हैं।

अचूक (sure, infallible)

कुनीन वर्षों से मलेरिया की अचूक दवा मानी जाती रही है।

अच्छा (fine/good, sound)

1. यह बहुत अच्छा कपड़ा है।
2. उसकी सलाह बहुत अच्छी थी।

अजेय (invincible, unconquerable)

कुछ किले वर्षों तक अजेय रहे।

अज्ञात (unknown)

कल पुलिस को जंगल में एक अज्ञात व्यक्ति की लाश पड़ी मिली।

अज्ञान (ignorance)

देश की काफ़ी जनता अज्ञान के कारण अन्धविश्वासों में फंसी रहती है।

अटकल (guess, conjecture)

नये बजट के अवसर पर करों के सम्बन्ध में तरह-तरह की अटकलें लगाई जाती हैं।

अटपटा (odd, incongrous)

यह अनुवाद बहुत ही अटपटा है, अनेक जगह इसका ठीक अर्थ ही नहीं निकलता है।

अटल (firm, resolute)

अनेक विरोधों के बावजूद मंत्री महोदय अपने पिछले निर्णयों पर अटल रहे हैं।

अटूट (unbreakable)

भारत और नेपाल के सम्बन्ध अटूट हैं।

अड़ंगा (obstacle, hinderance)

विरोधी दल ने इस योजना की पूर्ति में अनेक अड़ंगे लगाए।

अड़चन (impediment)

अनेक अड़चनें आने पर भी यह काम निश्चित समय में पूरा कर लिया गया।

अतएव (therefore)

यह योजना सरकार द्वारा मंजूर हो चुकी है, अतएव इस पर काम शुरू हो जाना चाहिए।

अति (very, very much)

कृपया इस काम को अब अति शीघ्र कराएं।

अतिथि (guest)

इस वर्ष विदेशों से अनेक अतिथि आए हैं।

अतिरिक्त (besides, except, extra)

1. राशन में गेहूं के अतिरिक्त चीनी भी मिल रही है।

2. पाकिस्तान के अतिरिक्त अन्य सब देशों ने भारत के प्रस्ताव का समर्थन किया है।

3. दीवाली के अवसर पर राशन में अतिरिक्त चीनी मिलेगी।

अतिशयोक्ति (exaggeration)

पिछले कुछ वर्षों में इस क्षेत्र का काफ़ी विकास हुआ है, लेकिन यह कहना अतिशयोक्ति होगा कि यहां अब कोई व्यक्ति बेरोज़गार नहीं है।

अतीत (past)

अपने अतीत को अच्छा मानकर सन्तोष कर लेने से काम नहीं चलेगा, उज्ज्वल भविष्य के लिए कड़ी मेहनत करनी होगी।

अतृप्त (unsatisfied)

यहां अब इतने नये मकान बन रहे हैं कि पहले की अपेक्षा अधिक सीमेन्ट आने पर भी उसकी काफ़ी मांग अतृप्त है।

अत्यन्त (very much, exceedingly)

यह मामला अत्यन्त गोपनीय है।

अत्याचार (oppression, tyranny)

कुछ गांवों में ज़मीदारों ने मज़दूरों पर काफ़ी अत्याचार किए हैं।

अथक (untiring)

अथक परिश्रम करने पर ही उसे यह शानदार सफलता मिली है।

अदब (respect)

आन्दोलनकर्ताओं ने श्रम मंत्री की बात बड़े अदब से सुनी।

अदा करना (to pay)

उसने अपना सारा ऋण अदा कर दिया है।

अदालत (court of law)

1. अभियुक्त को कल अदालत में पेश किया जाएगा।
2. इस मामले का फ़ैसला अदालत में ही होगा।

अदायगी (payment)

इस बिल की अदायगी 30 दिन के भीतर हो जाएगी।

अदृश्य (invisible)

वायुसेना का एक विमान कल उड़ते समय अचानक अदृश्य हो गया।

अद्यतन (up to date)

इस रिपोर्ट में दिए गए सभी आंकड़े अद्यतन हैं।

अद्वितीय (unique, unparalleled)

उसकी यह सफलता अद्वितीय है।

अधकचरा (half baked)

ऐसे महत्त्वपूर्ण काम के लिए अधकचरे प्रस्ताव नहीं माने जा सकते।

अधपन्ना (counterfoil)

जो धन प्राप्त हुआ है उसकी रसीद दे दी गई है तथा उसका रिकार्ड अध-

पन्ने में मौजूद है।

अधिक (more, many, much, abundant)

नगरों की आबादी अधिक होती जा रही है।

अधिकतम (maximum)

आज अधिकतम तापमान 40.2 डिग्री सेंटीग्रेड रहा।

अधिकरण (tribunal)

यह मामला आयकर अधिकरण के सामने पेश किया जाएगा।

अधिकांश (major portion)

अधिकांश सदस्य चाहते थे कि इस मामले पर अगले महीने विचार किया जाए, इसलिए आज की बैठक स्थगित कर दी गई।

अधिकाधिक (more and more, progressively)

अब भारत के अधिकाधिक किसान खेती के लिए आधुनिक साधनों का प्रयोग करने लगे हैं।

अधिकार (right, power, possession)

1. जहां हम अधिकारों की बात करते हैं; वहां हमें अपने कर्त्तव्यों का भी ध्यान रखना चाहिए।

2. अब क्षेत्रीय कार्यालयों को पहले की अपेक्षा अधिक अधिकार दे दिए गए हैं, जिससे वे काम जल्दी निपटा सकें।

3. जिन व्यक्तियों ने सरकारी भूमि पर ग़ैरक़ानूनी तरीक़े से अधिकार कर लिया है, उन्हें बेदख़ल कर दिया जाएगा।

अधिकार-पत्र (letter of authority)

निदेशक ने जो अधिकार-पत्र दिया था उसके आधार पर कार्यालय में मुख्य लिपिक ने मंज़ूर हुई राशि ख़ज़ाने से प्राप्त कर ली है।

अधिकारी (officer, authority)

1. प्रशासन अधिकारी ने उसकी 5 दिन की छुट्टी मंज़ूर की है।

2. सक्षम अधिकारी से अनुमति प्राप्त करके इमारत बनाने का काम शुरू किया गया है।

अधिकृत (official, authorised, occupied)

1. अधिकृत रूप से बताया गया है कि नयी रियायतें 1 अप्रैल से दी जाएंगी।

2. इस मामले की अधिकृत रिपोर्ट एक-दो दिन में मिल जाएगी।

3. पाकिस्तान द्वारा अधिकृत क्षेत्र युद्ध-बंदियों की अदला-बदली के समय वापस मिल गए थे।

अधिग्रहण (requisition)

यहां तेल-शोधक कारख़ाना लगाया जाएगा। उसके लिए भूमि का अधिग्रहण

किया जा रहा है।

अधिनियम (act of legislation)

राजभाषा अधिनियम के अनुसार कई कामों में हिन्दी और अंग्रेजी दोनों भाषाओं का प्रयोग जरूरी है।

अधिभार (surcharge)

आयकर के अलावा 10 प्रतिशत अधिभार भी देना पड़ता है।

अधिमान (preference)

इस पद पर भर्ती करते समय उन व्यक्तियों को अधिमान दिया जाएगा जो 40 शब्द प्रति मिनट की गति से टाइप कर सकते हैं।

अधिवक्ता (advocate)

कई राज्यों की अदालतों में अब अधिवक्ता हिन्दी में बहस कर सकते हैं।

अधिवास (domicile)

कुछ शिक्षण संस्थाएं प्रवेश के समय विद्यार्थियों से अधिवास प्रमाण-पत्र मांगती है।

अधिवेशन (session)

कुछ संस्थाएं अपने वार्षिक अधिवेशन छुट्टियों के दिनों में करती हैं।

अधिसूचना (notification)

गज़ट में अधिसूचनाएं हिन्दी और अंग्रेजी दोनों भाषाओं में छपती हैं।

अधीक्षक (superintendent)

नये पुलिस अधिक्षक ने पिछले सप्ताह कार्यभार संभाला है।

अधीन (subordinate, under)

1. इस विभाग के अधीन कई कार्यालयों में अभी भी नये वेतन-मान लागू नहीं हुए हैं।

2. यह सभी कार्रवाई नियमों के अधीन की गई है।

अधीनस्थ कार्यालय (subordinate office)

मंत्रालय ने अपने अधीनस्थ कार्यालयों को आदेश भेज दिए हैं।

अधीर (impatient)

कृपया अधीर न हों, दूसरे की बात भी सुन लें।

अधूरा (incomplete, half-finished)

मैंने मकान बनवाना शुरू किया था लेकिन बीच में सीमेन्ट न मिलने से वह अधूरा पड़ा है।

अध्यक्ष (chairman/president, head)

1. अध्यक्ष महोदय की अनुमति से बैठक में अन्य बातों पर भी विचार किया जा सकेगा।

2. विभागाध्यक्ष को इतनी राशि के खर्च करने का अधिकार है ।

अध्ययन (study)

इस समस्या का गंभीरता से अध्ययन किया गया है और सभी राज्यों से सलाह लेकर यह निर्णय किया गया है कि···।

अध्ययनार्थ छुट्टी (study leave)

मुझे एम० ए० की परीक्षा देने के लिए अध्ययनार्थ छुट्टी की आवश्यकता है ।

अध्यादेश (ordinance)

राष्ट्रपति ने बैंकों के राष्ट्रीयकरण के बारे में छः महीने पहले अध्यादेश जारी किया था । अब उसकी जगह अधिनियम बन गया है ।

अध्यापक (teacher)

शिक्षा के प्रसार के लिए देश को अच्छे अध्यापकों की आवश्यकता है ।

अध्याय (chapter)

इस पुस्तक में कुल 21 अध्याय हैं ।

अनगिनत (countless)

इस जलसे में अनगिनत लोग उपस्थित हैं ।

अनजान (ignorant)

बड़े नगरों में अनजान व्यक्ति को देखकर लोग उसे तंग करते हैं ।

अनधिकार (unauthorised)

सरकारी ज़मीन पर ग़ैर कानूनी ढंग से कब्ज़ा करना अनधिकार चेष्टा है ।

अनधिकृत (unauthorised)

अनधिकृत अनुपस्थिति पर अनुशासनात्मक कार्रवाई की जा सकती है ।

अनन्तिम (provisional)

बी० ए० की डिग्री मिलने में अभी कुछ समय लगेगा, अतः अभी आपको एम० ए० में अनन्तिम दाख़िला ही मिल सकता है ।

अनपेक्षित (unexpected)

बैठक अनपेक्षित रूप से लम्बी चली, इसलिए मुझे वापस लौटने में देर हो गई ।

अनर्हता (disqualification)

आंखों का कमज़ोर होना मिलिट्री सेवा के लिए अनर्हता मानी जाती है ।

अनशन (hunger strike, fasting)

······दल के नेताओं ने जेल में अनशन शुरू कर दिया । उससे नगर में तनाव की स्थति पैदा हो गई ।

अनापत्ति (no objection)

कोई सरकारी कर्मचारी रोज़गार कार्यालय में अपना नाम अनापत्ति प्रमाण-पत्र के बिना दर्ज नहीं करा सकता ।

अनावश्यक (unnecessary, unnecessarily)

इस काम को कराने के लिए तुम मुझे अनावश्यक तंग कर रहे हो।

अनियन्त्रित (uncontrolled)

जुलूस में अनियंत्रित भीड़ थी, उस कारण कई जगह झगड़ा हो गया।

अनियमित (irregular)

अनियमित रूप से कार्य करने पर दंड मिलता है।

अनिर्णीत (pending, undecided)

महंगाई भत्ता बढ़ाने का मामला कई महीने से अनिर्णीत पड़ा हुआ है।

अनिवार्य (essential, compulsory, obligatory)

1. इस पद के लिए बी० ए० की योग्यता होना अनिवार्य है।

2. देश-भर में प्राथमिक शिक्षा अनिवार्य कर दी गई है।

3. जिन सरकारी कर्मचारियों ने मैट्रिक स्तर तक हिन्दी नहीं पढ़ी है, उनके लिए हिन्दी सीखना अनिवार्य कर दिया गया है।

अनिश्चित काल (indefinite period)

इस प्रस्ताव को अनिश्चित काल के लिए स्थगित कर दिया गया है।

अनुकूल (favourable)

1. इस विषय पर हमें अनुकूल कार्रवाई करनी चाहिए।

2. प्रयत्न करने से वातावरण अनुकूल बन सकता है।

अनुक्रमणिका (index)

पुस्तक के आरम्भ में अनुक्रमणिका होने से सहूलियत रहती है।

अनुगृहीत (obliged)

मंत्री महोदय कृपया पुरस्कार वितरण कर हमें अनुगृहीत करें।

अनुचित (improper, undue)

1. उसने इस मामले में जो अनुचित कार्रवाई की थी उस सिलसिले में उसे दण्ड दिया जा रहा है।

2. कुछ व्यक्ति अपने पद का अनुचित लाभ उठाने का प्रयत्न करते हैं।

अनुच्छेद (paragraph)

नये विषय के लिए कृपया नया अनुच्छेद बनाएं।

अनुज्ञप्ति (licence)

विदेशों से माल मंगाने के लिए अनुज्ञप्ति (लाइसेंस) की आवश्यकता पड़ती है।

अनुज्ञा (permission)

इस कार्य के लिए सक्षम अधिकारी की अनुज्ञा की आवश्यकता है।

अनुदान (grant)

मान्यता-प्राप्त शैक्षणिक संस्थाओं को सरकार की ओर से अनुदान मिलता है।

अनुदेश (instruction)

महानिदेशक के अनुदेशों का कड़ाई से पालन किया जाना चाहिए।

अनुपस्थित (absent)

आज कार्यालय में कई व्यक्ति अनुपस्थित हैं।

अनुपस्थिति (absence)

कल उसे आवश्यक काम से अचानक बाहर जाना पड़ा। कृपया अनुपस्थिति के लिए क्षमा करें।

अनुपात (ratio)

यह कपड़ा 80% नाइलोन और 20% सूत के अनुपात में बना है।

अनुपूरक नियम (supplementary rules)

कृपया अनुपूरक नियमों की नयी प्रति इस अनुभाग को भेजें।

अनुप्रमाणित (attested)

इस फ़ार्म को राजपत्रित अधिकारी से अनुप्रमाणित करवा कर कमरा नं० 11 में जमा करा दें।

अनुबन्ध (annexure)

इस विषय की सूचना इस पत्र के अनुबन्ध 11 में दो जा रही है।

अनुभव (experience)

इस पद के लिए अनुवाद का पांच साल का अनुभव ज़रूरी है।

अनुभवी (experienced)

इस बांध को बनाने का काम अनुभवी इंजीनियरों को सौंपा गया है।

अनुभाग (section)

यात्रा-भत्ते की स्वीकृति के लिए कृपया प्रशासन अनुभाग से सम्पर्क करें।

अनुभाग अधिकारी (section officer)

अनुभाग अधिकारी कृपया इस टिप्पणी पर अपने विचार व्यक्त करें।

अनुभाग दैनिकी (section diary)

जो भी पत्र इस अनुभाग में आएं, पहले उनकी प्रविष्टि अनुभाग दैनिकी में करना ज़रूरी है।

अनुमति (permission)

मैं कल कार्यालय नहीं आ रहा हूं। इसके लिए मैंने पहले अनुमति ले ली है।

अनुमान (estimate)

1. इस योजना पर 2 करोड़ रुपये व्यय होने का अनुमान है।

2. मेरा अनुमान है कि वह व्यक्ति अपने आश्वासन को पूरा नहीं करेगा।

अनुमोदन (approval)

मसौदा अवर सचिव के अनुमोदन के लिए प्रस्तुत है।

अनुरक्षण (maintenance)

यह इमारत पुरानी हो चुकी है, अतः इसके अनुरक्षण पर अब अधिक व्यय होता है।

अनुरेखक (tracer)

हमारे विभाग में नक़्शे बनाने के काम के लिए एक अनुरेखक के पद का सृजन किया जा रहा है।

अनुरोध (request)

वित्त मंत्रालय से अनुरोध किया गया है कि वे इन प्रस्तावों को मान लें।

अनुलग्नक (enclosure)

इस पत्र के साथ सारे अनुलग्नक भी लगा दें।

अनुलिपि (duplicate)

यह इस पत्र की अनुलिपि है।

अनुवाद (translation)

अब लगभग अधिकांश नियमों का हिन्दी अनुवाद हो चुका है।

अनुवादक (translator)

हिन्दी के कार्य को सुचारु रूप से चलाने के लिए अनुवादक की आवश्यकता भी पड़ती है।

अनुशासन (discipline)

कार्यालय में अनुशासन बनाए रखना बहुत ज़रूरी है, वरना काम ठीक प्रकार से नहीं हो सकेगा।

अनुशासनिक (disciplinary)

सरकारी आदेशों का उल्लंघन करने पर किसी भी कर्मचारी के प्रति अनुशासनिक कार्रवाई की जा सकती है।

अनुसंधान (research)

विश्व के अनेक देशों में कैंसर के विषय पर अनुसंधान किया जा रहा है।

अनुसरण में (in pursuance of)

नियम 7 के अनुसरण में यह कार्रवाई की जा रही है

अनुसार (according)

पिछली बैठक में जो निर्णय लिये गए थे, उनके अनुसार कार्रवाई की जा चुकी है।

अनुसूची (schedule)

कुछ प्रतिशत पद अनुसूचित जातियों के लिए रिज़र्व रहते हैं।

अनुसूचित (scheduled)

अनुसूचित जाति के उम्मीदवारों को आयु के सम्बन्ध में कुछ साल की ढील दी जाती है।

अनुस्मारक (reminder)

इस विषय पर सूचना न भेजने वाले अनुभागों को बार-बार अनुस्मारक भेजे जा रहे हैं।

अनूदित (translated)

इस लेख को बंगला भाषा से हिन्दी में अनूदित किया गया है।

अनेक (many, several)

इस वर्ष अनेक पद बने हैं। उनमें से कई पद पदोन्नति द्वारा भरे गए हैं।

अनौपचारिक (informal)

अनौपचारिक रूप से मालूम हुआ है कि श्री..............के नियुक्ति-आदेश एक-दो दिन में जारी कर दिए जाएंगे।

अन्तर (difference)

दोनों के हिसाब में अन्तर है, कृपया इसे शीघ्र ठीक करें।

अन्तर्गत (under)

इस बांध के निर्माण का काम दूसरी पंचवर्षीय योजना के अन्तर्गत शुरू हुआ था।

अन्तरिम (interim)

कमेटी की अन्तिम रिपोर्ट देर से तैयार हो पाएगी, लेकिन उनकी अन्तरिम रिपोर्ट इस महीने मिल जाएगी।

अन्तर्राष्ट्रीय (international)

अन्तर्राष्ट्रीय विवादों को सुलझाने में संयुक्त राष्ट्र संघ ने महत्त्वपूर्ण काम किया है।

अन्तर्विभागीय (interdepartmental)

इस मामले पर निर्णय लेने के लिए अन्तर्विभागीय बैठक बुलाई गई है।

अन्तिम (final, last, ultimate)

1. भर्ती नियमों को अन्तिम रूप देने के लिए उनका प्रारूप विधि मंत्रालय को भेज दिया गया है।
2. आपको यह अन्तिम चेतावनी दी जा रही है।
3. शांति स्थापित करना ही इन वार्ताओं का अन्तिम लक्ष्य है।

अन्तिम वेतन-पत्र (last pay certificate)

आपके पिछले मंत्रालय से अन्तिम वेतन-पत्र आने पर ही आपको इस मंत्रालय से वेतन मिलेगा।

अन्दरूनी (internal)

इस निर्णय से पहले जो अन्दरूनी चर्चा हुई, उसके बारे में आपको नहीं बताया जा सकता।

अन्याय (injustice)

पदोन्नति के मामलों पर विचार करते समय यह देख लेना चाहिए कि किसी के प्रति अन्याय न हो।

अन्वेषक (investigator)

हमारे विभाग में एक अन्वेषक की आवश्यकता है।

अपनाना (to adopt)

नयी पद्धति अभी हमारे विभाग में नहीं अपनाई गई है।

अपर सचिव (additional secretary)

फ़ाइल अपर सचिव के आदेश के लिए प्रस्तुत की गई है

अपराध (crime, offence)

1. चम्बल घाटी में अपराधों की संख्या काफ़ी बढ़ी है।

2. उसे हत्या के अपराध में आजन्म कारावास का दंड दिया गया है।

अपराह्न (after-noon)

श्री शर्मा को आज अपराह्न से सेवा से निवृत्त किया जा रहा है।

अपरिवर्तनीय (unchangeable)

न्यायालय में एक बार दिया गया बयान अपरिवर्तनीय होता है।

अपरिहार्य (unavoidable)

घर की अपरिहार्य परिस्थितियों के कारण मैं आज कार्यालय में उपस्थित नहीं हो सकता हूं।

अपवादात्मक (exceptional)

केवल अपवादात्मक मामलों में ही ऐसी छूट दी जा सकती है।

अपहरण (abduction)

पिछले दिनों बच्चों के अपहरण की कई घटनाएं हो चुकी हैं।

अपार (unlimited, very much)

क्रिकेट मैच में भारत की विजय पर जनता को अपार हर्ष हुआ।

अपील अधिकारी (appellate officer)

यह मामला अब अपील अधिकारी के विचराधीन है।

अपीलकर्त्ता (appellant)

अपीलकर्त्ता आज अदालत में हाज़िर नहीं था, अतः उसकी अपील नामंज़ूर हो गई।

अपुष्ट (unconfirmed)

युद्ध आरम्भ होने की ख़बर अपुष्ट है, इसलिए किसी भी समाचारपत्र ने अभी इसे प्रकाशित नहीं किया है।

अपूर्ण (incomplete, unfinished)

1. कार्रवाई अभी अपूर्ण है।

2. सीमेंट की कमी से भवन-निर्माण का काम रुक गया और इमारत अपूर्ण पड़ी है।

अपेक्षाकृत (relatively, as compared)

मैंने एशिया के अनेक देश देखे हैं। भारत ने उनसे अपेक्षाकृत अधिक उन्नति की है।

अपेक्षित (requisite, as expected)

इस विषय पर अपेक्षित सूचना आपको शीघ्र भेजी जा रही है।

अप्रत्यक्ष (indirect)

भारतवर्ष में राष्ट्रपति का चुनाव अप्रत्यक्ष विधि से किया जाता है।

अप्रसन्न (displeased, unhappy)

काम समय पर पूरा नहीं हुआ इसलिए सचिव महोदय अप्रसन्न थे।

अप्रिय (unpleasant)

यदि कोई व्यक्ति नियम-विरुद्ध काम कर रहा हो तो उसे रोकने के लिए अप्रिय क़दम भी उठाने पड़ते हैं।

अफवाह (rumour)

कई बार अफ़वाहों के आधार पर ही दंगा-फसाद हो जाता है।

अफ़सर (officer)

नियमों का पालन अफ़सरों के लिए उतना ही ज़रूरी है, जितना कर्मचारियों के लिए।

अभद्र (indecent)

अभद्र बर्ताव कहीं भी शोभा नहीं देता।

अभागा (unfortunate, unlucky)

वह बड़ा अभागा है। पिछले वर्ष उसके पिता का स्वर्गवास हुआ, इस वर्ष उसकी मां चल बसी।

अभाव (shortage, scarcity)

स्टेशनरी के अभाव में कार्यालय का काम चलने में बड़ी कठिनाई हो रही है।

अभिकर्त्ता (agent)

सरकारी प्रकाशनों की बिक्री के लिए अनेक नगरों में अभिकर्त्ता (एजेंट) नियुक्त किए गए हैं।

अभिदाता (subscriber)

इस फ़ार्म में कृपया अभिदाता का पूरा नाम लिख दें ।

अभिप्राय (purpose, intention)

1. ये आदेश इस अभिप्राय से भेजे गए हैं कि नये वेतनमानों के अनुसार भुगतान जल्दी हो सके।

2. अपने यहां आने का अभिप्राय मैं शायद आपको स्पष्ट नहीं कर पाया हूं।

अभियन्ता (engineer)

अभिन्यता कहिए या इंजीनियर, बात एक हीं है ।

अभियान (compaign, expedition)

1. सहकारी ख़र्च में अधिक से अधिक बचत करने का जो अभियान पिछले महीनों चलाया गया उसमें काफ़ी सफलता मिली है।

2. भारत के पर्वतरोही दल को इस वर्ष एवरेस्ट अभियान में सफलता मिली।

अभियुक्त (accused)

इस मामले में 5 अभियुक्त थे, न्यायालय ने 2 को बरी कर दिया और 3 को कारावास का दण्ड दिया है ।

अभियोग (accusation)

उनपर जो अभियोग लगाए गए थे वे सिद्ध नहीं किए जा सके।

अभिलेख (record)

इस फ़ाइल को अभिलेख कक्ष में भेज दें ।

अभिवेदन (representation)

सीनियोरिटी के सम्बन्ध में प्राप्त अभिवेदनों पर विचार कर लिया गया है और नयी सीनियोरिटी लिस्ट बनाई जा रही है।

अभूतपूर्व (unprecedented)

इस वर्ष के समारोह में अभूतपूर्व भीड़ थी।

अभ्यर्थी (candidate)

इस पद के लिए हुई परीक्षा में 40 अभ्यर्थी पास हुए हैं, उन्हें साक्षात्कार (इंटरव्यू) के लिए बुला लिया जाए।

अभ्युक्तियां (remarks)

इस मामले में कृपया प्रादेशिक कार्यालय की अभ्युक्तियां भी देख ली जाएं।

अभ्यास (practice, exercise)

यदि हिन्दी लिखने का थोड़े दिन ही अभ्यास किया जाए तो आसानी से

टिप्पणियां हिंदी में लिखी जा सकती हैं।

अमल (implement)

कृपया सूचित करें कि जो हिदायतें दी गई थीं उनपर कितना अमल हुआ है।

अमला (staff, manpower)

इस कार्यालय में काफ़ी अमला है। इसलिए अब कोई काम बकाया नहीं रहना चाहिए।

अमानत (trust, deposit)

500 रुपये की यह राशि मेरे पास अमानत में रखी हुई है।

अमुक (so and so)

अमुक-अमुक कार्य के लिए अमुक-अमुक व्यक्तियों को नियुक्त किया गया है।

अमूल्य (invaluable)

आपके अमूल्य सहयोग के लिए हार्दिक धन्दवाद।

अयोग्य (incompetent, unfit)

वह इस काम के लिए सर्वथा अयोग्य है।

अयोग्यता (disqualification)

आंख का कमज़ोर होना सेना में अयोग्यता मानी जाती है।

अराजपत्रित (non-gazetted)

अराजपत्रित कर्मचारियों की नियुक्ति आदि की सूचना गज़ट में प्रकाशित नहीं की जाती।

अर्ज़ (request)

कृपया मेरी अर्ज़ पर भी ग़ौर करें।

अर्जित (earned)

उसने पन्द्रह दिन का अर्जित अवकाश लिया है।

अर्ज़ी (application)

श्री मोहन ने पांच दिन की छुट्टी की अर्ज़ी भेजी है।

अर्थ (meaning, economy)

1. कृपया मेरी बात का ग़लत अर्थ न लगाएं।

2. भारत की अर्थ-व्यवस्था अब अच्छी होती जा रही है।

अर्थ-सलाहकार (economic adviser)

श्री गोपीचंद को हमारे विभाग में अर्थ-सलाहकार के पद पर नियुक्त किया गया है।

अर्थात् (or, that is, i. e.)

यह मामला महानिदेशक अर्थात् डायरेक्टर जनरल तक जाएगा।

अर्धमासिक (fortnightly)

'फैमिना' एक अर्धमासिक पत्रिका है।

अर्धवार्षिक (six-monthly)

हिंदी के कार्य में हुई प्रगति की अर्धवार्षिक रिपोर्ट राजभाषा विभाग को जल्दी भिजवा दें।

अर्धवेतन छुट्टी (half pay leave)

डाक्टरी प्रमाणपत्र के आधार पर, अन्य प्रकार की छुट्टी न होने पर भी, अर्धवेतन छुट्टी दी जाती है।

अर्धसरकारी (demi-official)

गृह-मंत्रालय से सूचना प्राप्त न होने के कारण वहां के अवर सचिव को अर्धसरकारी पत्र लिखा जा रहा है।

अर्हता (qualification)

अनुवादक के पद के लिए उसके पास सभी आवश्यक अर्हताएं हैं।

अलग (separate, different)

इस मामले के कई पहलू हैं, कृपया उन पर अलग-अलग विचार करें।

अल्प (small, short, light)

1. अल्प बचत (small, savings) योजनाओं से करोड़ों रुपये की पूंजी विकास-कार्यों के लिए मिल सकी है।

2. यह बैठक अल्प-सूचना (short, notice) पर बुलाई गई है।

3. बैठक के बाद अल्पाहार (light refreshment) दिया जाएगा।

अल्पसंख्यक (minority)

अल्पसंख्यक जाति के हितों को ध्यान में रखना बहुत आवश्यक है।

अवकाश (leisure, leave)

1. यह काम अवकाश के क्षणों में ही हो सकता है।

2. अगले महीने मैं दो सप्ताह का अवकाश ले रहा हूं, उन दिनों घूमने के लिए पहाड़ पर जाऊंगा।

अवगत (apprise)

कृपया इस विषय पर की गई कार्रवाई से मुझे भी अवगत कराइए।

अवधि (period)

1. यह विवरण दिसम्बर 1977 को समाप्त हुई अवधि का है।

2. इस काम को पूरा करने के लिए तीन महीने की अवधि निश्चित की गई है।

अवमानक (sub-standard)

अवमानक माल को स्वीकार नहीं किया जाएगा।

अवर सचिव (under secretary)

अवर सचिव कृपया इस पत्र पर हस्ताक्षर कर दें।

अवलोकनार्थ (forperusal)

यह पत्र अवलोकनार्थ प्रस्तुत है।

अवश्य (certainly, definitely)

1. मैं आपसे कल अवश्य मिलूंगा।
2. आप कृपया 15 तारीख को अवश्य काम पर आ जाएं।

अवसर (opportunity, occasion)

1. इस बात को अवसर मिलने पर उठाऊंगा।
2. इन प्रस्तावों को रखने का यह ठीक अवसर नहीं है।

अवस्था (condition, stage, age)

1. उसे घायल अवस्था में अस्पताल पहुंचाया गया।
2. अनेक राज्यों से विचार-विमर्श हो चुका है। इस अवस्था में आपका वह सुझाव नहीं शामिल किया जा सकता जो आपने हाल ही में प्रस्तुत किया है।
3. उसे वृद्धावस्था में निर्वाह करना कठिन हो जाएगा।

अविकसित (undeveloped)

सरकार अविकसित क्षेत्रों में बिजली लगाने का प्रबंध कर रही है।

अविलम्ब (urgent)

इस विषय पर मंत्रालय द्वारा मांगी गई सूचना अविलम्ब भेज दीजिए।

अविश्वास प्रस्ताव (no confidence motion)

संसद में मंत्रिमंडल के प्रति अविश्वास प्रस्ताव पास नहीं हुआ।

अवैतनिक (honorary)

वह इस संस्था का अवैतनिक सचिव है।

अवैध (illegal)

अवैध कार्य करने पर सरकार दण्ड देती है।

अव्यावहारिक (inpracticable)

राज्य सरकार द्वारा भेजी गई कुछ योजनाएं अव्यावहारिक थीं इसलिए उन्हें स्वीकार नहीं किया गया।

अशुद्धि (error, mistake)

इस मसौदे में अनेक अशुद्धियां हैं, कृपया ठीक कीजिए।

अशुद्धि-पत्र (errata)

किसी पुस्तक को पढ़ने से पहले उसके अशुद्धि-पत्र को भी देख लेना चाहिए।

अशेष पत्र (no demand certificate)

सभी अनुभागों से अशेष पत्र आ जाने पर ही अंतिम वेतन प्रमाण-पत्र जारी

किया जाएगा।

असंगत (irrelevant)

असंगत विषयों के पत्रों को इस फ़ाइल में से निकाल दीजिए।

असंतुलित (unbalanced)

असंतुलित भोजन खाने से स्वास्थ्य ख़राब हो जाता है।

असंतोष (discontent)

महंगाई बढ़ने के कारण कर्मचारियों में बड़ा असंतोष है।

असंतोषजनक (unsatisfactory)

आजकल हड़ताल के कारण बस सेवा असंतोषजनक रूप में चल रही है।

असंभव (impossible)

इस काम को एक सप्ताह में पूरा करना असंभव है। कृपया समय-सीमा बढ़ा दें।

असफल (unsuccessful)

तेल खोजने के प्रयत्न पहले असफल हुए थे, लेकिन अब कई जगह भारी मात्रा में तेल मिला है।

असर (effect)

कल की बैठक में सचिव महोदय ने जो बातें कहीं उनका गहरा असर पड़ा है।

असांविधिक (non-statutory)

असांविधिक काग़ज-पत्रों का हिन्दी अनुवाद विभिन्न विभाग स्वयं ही कर लेते हैं।

असाधारण (extra-ordinary)

कंपनी के शेयर होल्डरों की असाधारण बैठक बुलाई गई है।

असामान्य (abnormal)

युद्ध के समय देश को असामान्य परिस्थितियों का सामना करना पड़ता है।

असावधानी (carelessness)

जिस व्यक्ति की असावधानी से यह नुकसान हुआ है उसके विरुद्ध कार्रवाई की जाएगी।

असुविधा (inconvenience)

इस बैठक को स्थगित किए जाने से आपको जो असुविधा हुई है, उसके लिए खेद है।

अस्थायी (temporary, provisional)

श्री सुरेन्द्र मोहन को अनुभाग अधिकारी के पद पर अस्थायी रूप से नियुक्त किया गया है।

अस्त-व्यस्त (disrupted)

भयंकर वर्षा के कारण नगर का जीवन अस्त-व्यस्त हो गया है।

अस्पताल (hospital)

रोगियों की चिकित्सा के लिए अब अनेक अस्पताल खोले जा रहे हैं।

अस्पष्ट (not clear, vague)

इन आदेशों की जो व्याख्या की गई है वह अभी भी अस्पष्ट है।

अस्वस्थ (unwell)

कल मैं अस्वस्थ था इसलिए कार्यालय नहीं आ सका।

अस्वीकार (refused, not accepted)

1. मेरी छुट्टी अस्वीकार कर दी ग़ई है।

2. उनके सारे ही प्रस्ताव अस्वीकृत हो गए।

अहित (harm)

यदि हड़ताल जल्दी समाप्त न हुई तो अनेक मजदूरों का अहित होगा।

आंकड़े (statistics, data, figures)

1. सभी विषयों के आंकड़े सांख्यिकीय विभाग द्वारा एकत्रित किए जा रहे हैं।

2. जो आंकड़े हमारे पास आए हैं उनसे मालूम होता है कि देश में कारख़ानों की कुल संख्या तो वही है लेकिन उत्पादन उस अनुपात में नहीं बढ़ा।

आंकना (to evaluate, to assess)

आयकर विभाग ने सम्पत्ति कर के लिए हमारे मकान का मूल्य तीन लाख रुपये आंका है।

आंतरिक (internal)

यह हमारा आन्तरिक मामला है। अतः इसे स्वयं सुलझाना ही हितकर है।

आंदोलन (movement, agitation)

विद्यार्थियों ने कालिज की फीस कम कराने के लिए आंदोलन शुरू कर दिया है।

आंशिक मिसिल (part file)

यदि मुख्य मिसिल उपलब्ध नहीं है तो इस मामले को आंशिक मिसिल में अवर सचिव के सम्मुख प्रस्तुत कर दें।

आकर्षक (attractive)

तकनीकी पदों की सेवा-शर्तें बहुत आकर्षक बना दी गई हैं।

आकर्षित करना (to draw attention)

आपका ध्यान इस बात की ओर आकर्षित किया जाता है कि···।

आकस्मिक (accidental, sudden)

आकस्मिक रूप से चोट लग जाने के कारण मैं कार्यालय नहीं आ सका।

आकस्मिक छुट्टी (casual leave)

माता जी के बीमार हो जाने के कारण मुझे दो दिन की आकस्मिक छुट्टी लेनी पड़ी।

आकार (shape, size, form)

यह पुस्तक किस आकार में छपवाई जाएगी ?

आकाशवाणी (All India Radio)

भारत में आकाशवाणी केन्द्र अनेक नगरों में हैं।

आक्रमण (attack, assault, aggression)

भारत किसी भी बाहरी देश के आक्रमण का मुक़ाबला करने के लिए पूरी तरह तैयार है।

आख़िर (at last, end, after all)

1. आखिर, विवश होकर मुझे पुलिस से शिकायत करनी पड़ी।

2. सम्मेलन के आख़िर में सभापति ने भाषण दिया।

आगन्तुक (visitor)

यह कमरा आगन्तुकों को बैठने के लिए बनाया गया है।

आगाह (aware, apprised)

उसे परिस्थिति से आगाह करा दिया गया है।

आगे (ahead, in future, in front of)

1. आप समय से आगे हैं।

2. आगे क्या करना है, यह अभी से सोच लेना ठीक होगा।

3. सारी बात आपके आगे रख दी गई है।

आगमन (arrival)

मंत्री महोदय के आगमन पर ही समारोह आरम्भ होगा।

आगामी (forthcoming)

आगामी वर्ष का बजट अनुमोदन के लिए प्रस्तुत है।

आगे प्रेषित (forwarded)

यह आवेदन सूचना व आवश्यक कार्रवाई के लिए आगे प्रेषित किया जाता है।

आचरण (conduct)

अच्छे आचरण वाले कर्मचारियों की सदा सराहना की जाती है।

आचरण नियमावली (conduct rules)

आचरण नियमावली के अनुसार कोई सरकारी कर्मचारी बिना पहले अनुमति

लिये ज़मीन आदि नहीं ख़रीद सकता।

आज (to-day)

यह पत्र आज ज़रूर भेज दीजिए।

आजकल (now-a-days)

आजकल भारत में विदेशों से अनेक पर्यटक आ रहे हैं।

आज़माइश (trial, test)

अच्छी तरह आज़माइश करके तसल्ली कर लीजिए कि यह चीज़ ठीक बनी है।

आजीवन (throughout life)

महात्मा गांधी आजीवन देश की सेवा करते रहे।

आजीविका (livlihood)

नौकरी मेरी आजीविका का साधन है।

आज्ञा (order, command)

सेना को आज्ञा दी गई है कि शत्रु का पूरी शक्ति से मुक़ाबला किया जाए।

आज्ञाकारी (obedient)

वह बहुत आज्ञाकारी है, उसे जो आदेश दिया जाता है उसके अनुसार वह तुरन्त काम करता है।

आत्म-निर्भर (self-sufficient)

कुछ वर्ष पहले भारत को विदेशों से अनाज मंगाना पड़ता था। अब देश अन्न के मामले में आत्म-निर्भर हो गया है।

आत्म-विश्वास (self-confidence)

मेहनत, सूझबूझ और आत्मविश्वास के आधार पर हम और भी उन्नति कर सकेंगे।

आत्महत्या (suicide)

उसने जीवन से निराश होकर आत्महत्या कर ली।

आदत (habit)

नियत समय पर न पहुंचना अच्छी आदत नहीं है।

आदर (respect)

अतिथि का आदरपूर्वक सम्मान किया गया।

आदरणीय (respected)

यह बैठक आदरणीय मंत्री जी की अध्यक्षता में की जा रही है।

आदर्श (ideal, model)

1. उसका सीधा-सादा परन्तु त्यागमय जीवन दूसरों के लिए आदर्श है।

2. आदर्श भर्ती-नियमों के आधार पर हम भी अपने विभाग के पदों के लिए

भर्ती-नियम बना सकते हैं।

आदि (beginning, etcetra)

1. यह काम आदि से अन्त तक मैंने ही किया है।

2. यह निर्णय करने से पूर्व मध्य प्रदेश, बिहार, राजस्थान आदि राज्यों से सलाह कर ली गई थी।

आदिवासी (aboriginal)

आदिवासियों के कल्याण के लिए कई नयी योजनाएं बनाई गई हैं।

आदेश (order)

फ़ाइल उप-सचिव के आदेश के लिए प्रस्तुत है।

आद्यक्षर (initials)

किसी भी फ़ाइल को प्रस्तुत करते समय सहायक को चाहिए कि वह अपनी टिप्पणी के बाईं तरफ़ अपने आद्यक्षर कर दे।

आधार (basis, foundation)

1. जो तथ्य ऊपर बताए गए हैं उसके आधार पर अपील मंजूर की जाती है।

2. नये स्कूल की आधार-शिला शिक्षा मंत्री जी ने रखी है।

आधुनिक (modern)

अब भारत के किसान भी आधुनिक यंत्रों का उपयोग करने लगे हैं।

आधुनिकीकरण (modernisation)

अनेक कारख़ानों में पुरानी मशीनें लगी हैं जिनसे थोड़ा उत्पादन हो पाता है। इनका आधुनिकीकरण होने से ही लाभ की आशा हो सकेगी।

आनाकानी (evasion)

उसे जब भी किसी काम के लिए कहो तो वह आनाकानी करने लगता है।

आन्दोलन (agitation)

आजकल विद्यार्थियों ने फ़ीस कम कराने के लिए आन्दोलन चला रखा है।

आपत्ति (objection)

आडिट ने इस बिल पर कई आपत्तियां की हैं।

आपत्तिजनक (objectionable)

बिना परमिट के कोई भी माल बाहर ले जाना आपत्तिजनक है।

आपसी (mutual)

आपसी बातचीत से मामले को स्वयं ही निपटा लेना उचित होगा।

आपातकालीन स्थिति (state of emergency)

युद्ध छिड़ने पर देश में आपातकालीन स्थिति की घोषणा की गई थी।

आपूर्ति (recoupment)

इम्प्रेस्ट की राशि समाप्त हो गई है, इसकी आपूर्ति के लिए कार्रवाई की जा

रही है।

आप्रवास (immigration)

विदेश में स्थायी रूप से बसने के लिए आप्रवास बीज़ा का होना आवश्यक है।

आबाद (inhabited)

यह शहर दो सौ वर्ष पहले आबाद हुआ था।

आबादी (population, habitation)

1. देश की आबादी जितनी बढ़ रही है उतनी ही आर्थिक समस्याएं बढ़ रही हैं।

2. अब यह तय किया गया है कि नये कारख़ाने आबादी से दूर लगाए जाएंगे।

आभारी (grateful)

यदि आप मेरे इस कार्य को कर दें तो आपका जीवन-भर अभारी रहूंगा।

आमंत्रण (invitation)

भारत सरकार के आमंत्रण पर अफ़ग़ानिस्तान के प्रधान मंत्री कल दिल्ली आ रहे हैं।

आम (general, common)

1. आम राय यह है कि यह सम्मेलन छः महीने बाद किया जाए।

2. यह रास्ता आम है।

आम सभा (general body)

आम सभा की बैठक में यह फ़ैसला किया गया है कि प्रत्येक शेयर पर 10 प्रतिशत का लाभांश दिया जाएगा।

आमदनी (income)

इस साल सरकारी कम्पनियों को बड़ी आमदनी हुई।

आमने-सामने (face to face)

हमारी उनसे आमने-सामने बातचीत हो गई है।

आय (income)

भारत में प्रति व्यक्ति औसत आय बहुत कम है।

आयकर (income-tax)

प्रत्येक नागरिक को आयकर का सही-सही भुगतान करना चाहिए।

आयकर अधिकारी (income-tax officer)

मेरा आयकर-सम्बन्धी मामला अभी आयकर अधिकारी के पास है, उन्होंने निर्णय नहीं दिया है।

आयव्ययक (budget)

इस बार सरकार ने घाटे का आयव्ययक पेश किया है जिससे और कर

लगने की सम्भावना है।

आयात नीति (import policy)

संशोधित आयात नीति के अनुसार अब मशीनें किसी भी देश से आयात की जा सकेंगी।

आयुक्त (commissioner)

श्री वर्मा को दिल्ली का उपायुक्त नियुक्त किया गया है।

आयोग (commission)

वेतन आयोग ने सभी कर्मचारियों के वेतन-मान बढ़ाने की सिफ़ारिश की है।

आरक्षण (reservation)

रेल में यात्रा करने के लिए यदि सीट का आरक्षण करवा लिया जाए तो यात्रा में काफ़ी सुविधा रहती है।

आरम्भ (start, commence)

1. कर्मचारियों ने हिन्दी में काम करना आरम्भ कर दिया है।

2. कल से संसद का सत्र आरम्भ हो रहा है।

आरोग्य-प्रमाणपत्र (fitness cerificate)

बीमारी के आधार पर छुट्टी लेने के बाद कार्यालय में कार्यभार संभालने के लिए आरोग्य-प्रमाणपत्र का लाना आवश्यक है।

आरोप (charge, allegation)

श्री···पर सरकारी रुपये का ग़बन करने का आरोप है।

आलोच्य (under review)

आलोच्य वर्ष में इस्पात का उत्पादन एक लाख टन बढ़ा है।

आर्थिक (economic)

सरकार ने अपनी नयी आर्थिक नीति की घोषणा आज की है।

आवंटन (allotment)

मुझे श्रेणी चार के क्वार्टर का आवंटन हुआ है।

आवती (receipt)

इस सप्ताह में प्राप्त आवतियों की संख्या 458 है।

आवधिक रिपोर्ट (periodical report)

इस विषय की आवधिक रिपोर्ट आज ही अवर सचिव के सम्मुख प्रस्तुत करनी है।

आवर्ती (recurring)

जो स्टाफ़ भर्ती किया जाएगा, उसके वेतन आदि का व्यय आवर्ती होगा और उसके लिए बजट में हर साल व्यवस्था करनी होगी।

आवश्यक (necessary, urgent)

1. इस पत्र पर शीघ्र ही आवश्यक कार्रवाई कर दी जाए।

2. यह मामला बहुत आवश्यक है, कृपया इसपर तुरन्त ध्यान दें ।

आवश्यकता (necessity)

हमें हिन्दी टाइपिंग जानने वाले क्लर्क की आवश्यकता है।

आविष्कार (invention)

इस शताब्दी में अनेक आश्चर्यजनक आविष्कार हुए हैं।

आवृत्ति (repetition)

इस टिप्पणी में उन्होंने एक ही बात की बार-बार आवृत्ति की है।

आवेदन (application)

मैंने दो दिन की छुट्टी के लिए आवेदन दिया है ।

आवेदन-पत्र (application form)

मुझे सामान्य भविष्य निधि में से पैसा निकलवाना है। उसके लिए आवेदन-पत्र भर कर दे रहा हूं।

आशय (intention)

पहले इन नियमों का आशय ठीक तरह समझ लीजिए। उससे इनके अनु-पालन में मदद मिलेगी ।

आशा(hop e)

मुझे आशा है कि इस बार परीक्षा में बहुत अच्छे नम्बर आएंगे ।

आशातीत (beyond expectation)

इस वर्ष के आम चुनावों में·········दल को आशातीत सफ़लता मिली ।

आशुलिपिक (stenographer)

आजकल हिन्दी आशुलिपिकों की बहुत मांग है।

आश्चर्य (surprise)

आश्चर्य की बात है कि मामला पिछले एक साल से अनिर्णीत पड़ा है।

आश्रित (dependent)

इस कार्ड में अपने परिवार के आश्रित व्यक्तियों के नाम भर दीजिए।

आश्वासन (assurance)

मैंने उन्हें इस कार्य को पूरा करने का आश्वासन दे रखा है।

आश्वस्त (satisfied)

आप इस हिसाब की खूब जांच करने का आश्वस्त हो जाएं कि यह हर प्रकार से ठीक है।

आसन्न अधिकारी (immediate officer)

इस प्रस्ताव को पहले अपने आसन्न अधिकारी के सम्मुख प्रस्तुत करें।

आसूचना शाखा (intelligence branch)

भ्रष्टाचार के मामलों की जांच आसूचना शाखा द्वारा की जा रही है ।

आस्थगित (held in abeyance)

अनुभाग अधिकारियों के पांच नये पद बनाए गए हैं और उनके बदले सहायकों के सात पद आस्थगित कर दिए गए हैं ।

इंगित (an indication, hint)

इस विषय पर की जाने वाली कार्रवाई के बारे में कुछ दिन पहले मंत्री जी ने इंगित कर दिया था ।

इंदराज (entry)

वेतन-वृद्धि आदि के बारे में सभी इंदराज सेवा-पुस्तिका में कर दिए गए हैं ।

इकतरफा (ex-parte)

यदि आप 15 मार्च को हाज़िर नहीं हुए तो मामले का फ़ैसला इकतरफ़ा कर दिया जाएगा ।

इकमुश्त (lump sum)

जो धनराशि मुझे दी जानी है, उसकी अदायगी मुझे कृपया इकमुश्त कर दी जाए ।

इच्छुक (desirous)

इस पद पर आने के लिए अनेक व्यक्ति इच्छुक हैं ।

इतिवृत्त (history sheet)

अस्पताल में रोगी की सही चिकित्सा के लिए उनकी पर्ची के साथ इतिवृत्त भी लगा देते हैं ।

इत्तिला (intimation)

किसी भी दुर्घटना की इत्तिला निकटतम पुलिस स्टेशन को दे देनी चाहिए ।

इनकार करना (refuse)

उसने काम करने से इनकार कर दिया अतः उसके विरुद्ध कार्रवाई की जा रही है ।

इसके-बाद (hereafter)

उसे चेतावनी दे दी गई है कि इसके बाद वह समय से कार्यालय में उपस्थित हो ।

इस्तीफा (resignation)

रेल दुर्घटनाएं अधिक होने के कारण रेल मंत्री ने अपने पद से इस्तीफ़ा दे दिया ।

इस्पात (steel)

अब भारत में स्टील बनाने के कई कारख़ाने हैं ।

ईजाद (invention)

नयी ईजादों से विश्व को जहां अनेक लाभ हुए हैं, वहां कई ख़तरे भी बढ़े हैं।

इंधन (fuel)

कोयला काफ़ी सस्ता इंधन है।

उचित (reasonable, appropriate)

1. आपका प्रस्ताव उचित मालूम होता है।

2. कार्यालय में प्रतिदिन देर से आना उचित बात नहीं है।

उचित माध्यम से (through proper channel)

प्रशासनिक अधिकारी के पद के लिए मैंने अपना आवेदन उचित माध्यम से भेज दिया है।

उचंती (in suspense)

यह राशि पेशगी के रूप में ली गई थी, यह अभी उचंती लेखा में चढ़ी हुई है।

उच्च (high)

यह बैठक उच्च स्तर की होगी। इसमें विभाग के उच्च अधिकारी भाग लेंगे।

उच्च न्यायालय (high court)

इस मामले की अपील उच्च न्यायालय में की गई है।

उच्च प्रशिक्षण (advanced training)

इस विभाग के चार व्यक्तियों को इंजीनियरिंग में उच्च प्रशिक्षण प्राप्त करने के लिए विदेश भेजा जा रहा है।

उच्च श्रेणी लिपिक (upper division clerk)

व्यय विभाग में उच्च श्रेणी लिपिक के दस पद खाली पड़े हैं।

उच्चाधिकारी (higher authority)

इस मामले में उच्चाधिकारी के आदेश ले लेना बहुत आवश्यक है।

उच्चायुक्त (high commissioner)

श्री······को आस्ट्रेलिया में भारतीय उच्चायुक्त के पद पर नियुक्त किया गया है।

उत्कृष्ट (excellent)

जिन व्यक्तियों ने उत्कृष्ट काम किया उनकी विशेष रूप से पदोन्नति की गई है।

उत्तम (good)

उत्तम कार्य की सदा प्रशंसा की जाती है।

उत्तर (reply, north)

1. इस पत्र का उत्तर दे दिया गया है।

2. मेरा घर उत्तर दिशा में है ।

उत्तरदायित्व (responsibility)

इस कार्य को पूरा कराने का उत्तरदायित्व मुझे सौंपा गया है ।

उत्तरदायित्वपूर्ण (full of responsibility)

मंत्रालय के सचिव का पद बड़ा उत्तरदायित्वपूर्ण है ।

उत्तरदायी (responsible)

1. यह कार्य किसी उत्तरदायी व्यक्ति को ही सौंपना चाहिए ।

2. यदि देरी हो जाने से कोई नुकसान हुआ तो उसके लिए आप ही उत्तरदायी ठहराए जाएंगे ।

उत्तराधिकार (succession)

उत्तराधिकार के नये क़ानून के अनुसार अब पुत्रियां भी अपने पिता की जायदाद में हक़ रखती हैं ।

उत्तरोत्तर (successive, Progressively)

लघु उद्योगों की अब उत्तरोत्तर प्रगति हो रही है ।

उत्पादन (production)

सरकार आजकल मशीनों के उत्पादन की ओर विशेष ध्यान दे रही है ।

उत्पाद-शुल्क (excise duty)

अब भारत में बने अनेक प्रकार के सामान पर उत्पादन-शुल्क लगता है ।

उत्प्रवास (emigration)

आजकल बहुत-से लोग देश-विदेश बसने के लिए उत्प्रवास कर रहे हैं ।

उत्प्रेरक (incentive)

अधिक उत्पादन करने वाले कर्मचारियों को सरकार की ओर से उत्प्रेरक राशि दी जाती है ।

उत्साह (enthusiasm)

युद्ध के अवसर पर देश की रक्षा के लिए जनता के सभी वर्गों ने सेना को उत्साहपूर्वक सहयोग दिया ।

उदाहरण (example, instance)

ऐसे कई उदाहरण हैं जिनमें ऐसी ही परिस्थितियों में पेंशन मंजूर की गई ।

उद्घाटन (inauguration)

विकास भवन के उद्घाटन के लिए मंत्री महोदय को आमंत्रित किया गया है ।

उद्देश्य (aim)

जनता के जीवन-स्तर को ऊंचा करने के उद्देश्य से ही नवीन योजनाएं बनाई जा रही हैं ।

उद्धरण (extract, quotation)

1. इस टिप्पणी में राज्य सरकार से प्राप्त पत्र के उद्धरण भी दिए गए हैं।

2. अपनी इस बात को स्पष्ट करने के लिए कृपया कोई उद्धरण दें।

उद्धृत (cited, quoted)

यह पद तुलसीदास जी की 'विनयपत्रिका' से उद्धृत किया गया है।

उद्योग (industry)

किसी देश की उन्नति के लिए उद्योगों का विस्तार होना ज़रूरी है।

उद्योग वित्त निगम (Industrial Finance Corporation)

देश में उद्योगों को बढ़ावा देने के लिए उद्योग वित्त निगम कार्य कर रहा है।

उधार (credit, loan)

बहन की शादी के लिए मुझे 600 रु० उधार लेना पड़ा है।

उन्मूलन (abolition)

सरकार मलेरिया के उन्मूलन के लिए विशेष कदम उठा रही है।

उप (deputy)

उप सचिव की अध्यक्षता में बैठक की गई।

उपक्रम (undertaking)

भारत सरकार के उपक्रमों ने इस वर्ष काफ़ी लाभ कमाया है।

उपदान (gratuity)

रिटायर होने पर सरकारी कर्मचारी को उपदान के रूप में काफ़ी धनराशि मिल जाती है।

उपधारा (sub-section)

यह कार्रवाई अधिनियम की धारा 3 उपधारा (2) के अनुसार की जा रही है।

उपनियम (sub-rule)

नियम 6 के उपनियम (3) के अनुसार प्रस्तावित कार्रवाई उचित ही होगी।

उपबंध (provision)

अनुसूचित जातियों को विशेष सुविधाएं देने के लिए संविधान में विशेष उपबंध हैं।

उपभोक्ता (consumer)

किसी भी वस्तु का उत्पादन उपभोक्ताओं की मांग पर निर्भर करता है।

उपयुक्त appropriate, suitable)

1. ये काग़ज़ उपयुक्त कार्रवाई के लिए आपके पास भेजे जा रहे हैं।

2. दस व्यक्तियों के आवेदन प्राप्त हुए। परीक्षा लेने पर उनमें से कोई भी

उपयुक्त नहीं पाया गया।

उपयोग (use)

मैं इस कपड़े का दस वर्ष से उपयोग कर रहा हूं, अभी भी यह ठीक हालत में है।

उपयोगी (useful)

आपके सुझाव बड़े उपयोगी हैं।

उपराज्यपाल (lieutenant governor)

बीज भवन का उद्‌घाटन उपराज्यपाल करने वाले हैं।

उपरिलिखित (above mentioned)

उपरिलिखित पत्र में जो कारण बताए गए हैं उनके आधार पर प्रस्ताव मान लेना उचित होगा।

उपरांत (after)

डॉ० राजेन्द्र प्रसाद की मृत्यु के उपरांत डॉ० राधाकृष्णन को राष्ट्रपति बनाया गया।

उपरोक्त (उपर्युक्त) (above said)

भर्ती-नियमों को बनाते समय उपरोक्त बातों का ध्यान रखना चाहिए।

उपलब्ध (available)

यह पुस्तक राजन बुक डिपो में उपलब्ध नहीं है!

उपसचिव (deputy secretary)

इस पत्र पर उपसचिव के हस्ताक्षर होने आवश्यक हैं।

उपसमिति (sub-committee)

जांच समिति ने दो उपसमितियां भी बना दी हैं, जिनमें तीन-तीन सदस्य रहेंगे।

उपस्थित (present)

इस कार्यक्रम में सभी व्यक्तियों का उपस्थित होना आवश्यक है।

उपस्थिति रजिस्टर (attendance register)

कार्यालय में अपने आने पर उपस्थिति रजिस्टर में हस्ताक्षर करने जरूरी हैं।

उपहार (gift, present)

भारत के राष्ट्रपति अपनी विदेश-यात्रा में उपहार देने के लिए सभी वस्तुएं भारत की बनी ले गए हैं।

उपान्त (margin)

कुछ लिखते समय कागज के दोनों ओर उपान्त छोड़ दें।

उपादेय (useful)

बिजली के पंखे, हीटर आदि सामान बहुत उपादेय हैं।

उपाय (measure)

सरकार बेकारी को दूर करने के लिए भरसक उपाय कर रही है।

उपेक्षा (negligence)

नियमों की उपेक्षा करने से यदि कोई नुकसान हुआ तो उसके लिए सम्बंधित कर्मचारी को जिम्मेदार ठहराया जाएगा।

उपेक्षित (ignored)

कई पहाड़ी इलाके वर्षों से उपेक्षित रहे हैं, इसलिए उनका आर्थिक विकास नहीं हो पाया।

उम्मीदवार (candidate)

श्री···इस बार जनता पार्टी के उम्मीदवार के रूप में चुनाव लड़ रहे हैं।

उर्वरक (fertilizer)

अब अशिक्षित किसान भी खेती में उर्वरकों का इस्तेमाल करने लगे हैं।

उल्लंघन (violation)

उसने नियमों का उल्लंघन जान-बूझकर किया है, इससे उसका अपराध और भी गंभीर माना जाएगा।

उल्लिखित (mentioned)

भर्ती-नियमों में उल्लिखित योग्यताओं के आधार पर ही उम्मीदवारों का चयन किया जाएगा।

ऊपर उद्धृत (above cited)

ऊपर उद्धृत बातों को ध्यान में रखते हुए यह निर्णय किया गया है।

ऊपरी आयु सीमा (upper age limit)

वरिष्ठ हिन्दी अनुवादक के पद की ऊपरी आयु सीमा 35 वर्ष है।

ऊर्जा (energy)

अब परमाणु ऊर्जा का उपयोग बिजली बनाने के लिए भी किया जा रहा है।

ऋण (loan, debt)

1. खेती के औजार तथा खाद आदि खरीदने के लिए किसानों को बैंकों की ओर से ऋण दिया जाता है।

2. गांव के किसान वर्षों से ऋण से दबे हुए हैं।

ऋतु (season, weather)

काश्मीर में जो नई सड़क बनाई गई है वह सब ऋतुओं में खुली रहेगी।

एकक (unit)

इस रिपोर्ट का अनुवाद हिन्दी एकक द्वारा कराया जा रहा है।

एकतरफा (one sided, unilateral)

यह एकतरफ़ा कार्रवाई उस समझौते के अनुकूल नहीं है जो पिछले वर्ष दोनों

देशों के बीच हुआ था।

एकत्र (together, collected)

1. देश की समस्याओं को हमें एकत्र होकर सुलझाना चाहिए।

2. दुर्घटनास्थल पर काफी भीड़ एकत्र हो गई।

एकमात्र (sole)

वह उसका एकमात्र पुत्र था, जिसकी दुर्घटना में मृत्यु हो गई।

एकमुश्त (lump sum)

मुझे सामान्य भविष्य निधि की अदायगी एकमुश्त कर दी जाए।

एकरूपता (uniformity)

एक समान पदों की भर्ती के बारे में बनाए जानेवाले नियमों में एकरूपता होनी चाहिए।

एक साथ (simultaneously)

इन दोनों मामलों में एक साथ कार्रवाई की जानी चाहिए।

एकाग्रता (concentration of mind)

किसी कार्य को सही रूप से करने के लिए एकाग्रता का होना आवश्यक है।

एकाधिकार (monopoly)

लोहे के उत्पादन में इस फर्म ने एकाधिकार बना रखा है।

एतद्द्वारा (hereby)

एतद्द्वारा यह आदेश दिया जाता है कि···

एवज़ी (substitute)

कल से श्री शर्मा छुट्टी पर जा रहे हैं। अतः इनके स्थान पर एवज़ी का प्रबंध किया जाए।

एहसान (obligation)

हमें किसी के एहसान तले नहीं दबना चाहिए।

ऐच्छिक (optional)

मैंने बी० ए० में अंग्रेज़ी ऐच्छिक विषय के रूप में पढ़ी है।

ऐतिहासिक (historical)

दिल्ली और आगरा में अनेक ऐतिहासिक इमारतें हैं।

ओझल (out of sight)

तेज़ गति से उड़ने वाले हवाई जहाज़ बहुत जल्दी आंखों से ओझल हो जाते हैं।

ओहदा (post, designation)

वित्त मंत्रालन में आप किस ओहदे पर कार्य कर रहे हैं?

औद्योगिक (industrial)

सरकार ने लघु उद्योगों के विकास के लिए अनेक नगरों में औद्योगिक बस्तियां बनाई हैं।

औचित्य (justification)

जब तक आप अपने प्रस्ताव का औचित्य नहीं बताते, तब तक इसका मंजूर होना कठिन है।

औपचारिक (formal)

इस विषय पर मंत्री जी की औपचारिक सहमति आवश्यक है।

औपचारिकता (formality)

सरकारी समारोहों में औपचारिकता निबाहना भी जरूरी है।

औपनिवेशिक (colonial)

अफ्रीका के अनेक देशों पर यूरोप के देशों का औपनिवेशिक शासन काफ़ी समय रहा।

औषधालय (dispensary)

मुझे इंजेक्शन लगवाने के लिए रोज़ औषधालय जाना पड़ता है।

औसत (average)

भारत की औसत मृत्युदर लगातार घटती जा रही है लेकिन जन्मदर में उतनी कमी नहीं है।

औसत वेतन छुट्टी (leave on average pay)

श्री शुक्ल 15 दिन की औसत वेतन छुट्टी लेकर घर गए हैं।

कक्ष (chamber, room, cell)

1. मंत्री महोदय ने अपने कक्ष में विभाग के अधिकारियों को सलाह के लिए बुलाया।

2. यह बैठक समिति कक्ष में हो रही है।

3. भ्रष्टाचार की रोकथाम के लिए सभी विभागों में सतर्कता-कक्ष बनाए गए हैं।

कक्षा (class)

आज कई विद्यार्थी कक्षा में अनुपस्थित थे।

कटौती (deduction)

वेतन देते समय उसमें से प्रोविडेंट फ़ंड तथा मकान-किराए आदि की कटौती कर ली जाती है।

कठिन (difficult)

यह समस्या बड़ी कठिन है, इसका हल अभी तक नहीं निकल पाया है।

कठोर (severe, hard)

1. यदि इस आदेश का अगली बार उल्लंघन हुआ तो कठोर कार्रवाई की जाएगी।

2. यह औज़ार कठोर धातु का बना है।

कतिपय (a few)

कतिपय कारणों से इस पद पर अभी तक कोई नियुक्ति नहीं की जा सकी है।

कदाचित् (possibly)

कदाचित् मैं समय पर पहुंच नहीं पाऊंगा, मेरी प्रतीक्षा मत कीजिए।

कदाचार (malconduct, misbehaviour)

उसके विरुद्ध कदाचार की शिकायत मिली है, इसकी जांच हो रही है।

कदाशय (malafide intent)

उसने भूल अवश्य की है किन्तु उसमें कदाशय की कोई बात दिखाई नहीं देती।

कभी (sometime)

आमतौर पर इस कार्यालय से सभी पत्रों का उत्तर 2-3 दिन में चला जाता है लेकिन कभी-कभी एक-दो मामलों में देरी भी हो सकती है।

कनिष्ठ (junior)

वह अभी भी कनिष्ठ ग्रेड में काम कर रहा है, उसकी पदोन्नति होने में देरी लगेगी।

कम से कम (minimum, at least)

1. यह माल टेंडर मंगवाकर कम से कम भाव पर ख़रीदा गया है।

2. कम से कम उन्हें अपने आने की सूचना तो दे दीजिए।

कमज़ोरी (deficiency, weakness)

1. वह अपनी कमज़ोरी दूर करने का बराबर प्रयत्न कर रहा है।

2. बीमारी के बाद काफ़ी कमज़ोरी आ जाती है।

कमान अफ़सर (commanding officer)

रेजीमेंट के कमान अफ़सर ने परेड की सलामी ली।

कमाना (to earn)

कई ऐसे भी प्रशिक्षण कोर्स हैं जिनमें काम सीखते समय कमाना भी हो जाता है।

कमी (shortage, scarcity)

पिछले दिनों सीमेंट की काफ़ी कमी रही, उस कारण मैं अपना मकान जल्दी नहीं बनवा सका।

कर (tax)

नागरिकों को आयकर, बिक्रीकर और गृहकर आदि अनेक प्रकार के कर देने पड़ते हैं।

क़रार (agreement)

भारत और पाकिस्तान के बीच जो क़रार हुआ है उसके अनुसार अब पंजाब की नदियों का काफ़ी पानी भारत को मिल सकेगा।

करुणा (compassion)

उसके पिता का कम आयु में स्वर्गवास हो गया है, इस कारण करुणा के आधार पर उसे क्लर्क के पद पर नियुक्त कर दिया गया है।

क़र्जा (loan, debt)

गांव के अनेक किसान कर्जा लेकर ही अपना काम चलाते हैं।

कर्तव्य (duty, function)

1. वह अपने कर्त्तव्य का पालन निष्ठापूर्वक करता है।

2. इस कार्यालय के काम की देख-रेख करना मेरे कर्त्तव्यों में शामिल नहीं है।

कर्तव्यपरायणता (sense of duty)

कल राज्यपाल ने दो पुलिसमैनों को उनकी कर्तव्यपरायणता के लिए पुरस्कार दिए।

कर्म (deed, work, action)

अच्छे कर्मों का अच्छा ही फल मिलता है।

कर्मचारी (employee)

कोई भी सरकारी कर्मचारी बिना आज्ञा लिये दूसरी जगह नौकरी नहीं कर सकता।

कर्मठ (diligent)

वह व्यक्ति अपनी कर्मठता के लिए प्रसिद्ध है।

कर्मशाला (workshop)

मशीन ख़राब हो गयी है तो इसे मरम्मत के लिए कर्मशाला (वर्कशाप) भेज दीजिए।

कलंकित (disgraced)

उसने जो अभद्र व्यवहार किया उससे हमारे कॉलेज का नाम कलंकित हो गया है।

कल्याण अधिकारी (welfare officer)

आपको यदि क़ोई तकलीफ़ है तो उसका निवारण आप कल्याण अधिकारी से मिलकर करा सकते हैं।

कसौटी (criterion)

वर्ष के दौरान किसी कर्मचारी का काम सर्वोत्तम रहा यह तय करने के लिए क्या कसौटी रहेगी ?

क़ानून (law)

क़ानून इस बात की अनुमति नहीं देता कि आप किसीकी सम्पत्ति हड़प लें।

कांड (incident, event)

मिल-मज़दूरों पर गोली चलाने के कांड की जांच करने के लिए एक समिति गठित कर दी गई है।

क़ानूनी (legal)

यदि निश्चित अवधि के भीतर भुगतान प्राप्त न हुआ तो हमें विवश होकर क़ानूनी कार्रवाई करनी पड़ेगी।

काफ़ी (enough, sufficient)

उसके विरुद्ध अपराध सिद्ध करने के लिए काफ़ी सबूत इकठ्ठे हो चुके हैं।

काम (duty, work)

1. छुट्टी की समाप्ति के बाद मैं कल काम पर आऊंगा।

2. मेरे पास काम अधिक है, इसलिए घर लौटने में देरी हो जाती है।

कामचलाऊ (improvised)

जो मशीन ऑर्डर देकर बनवाई गई है वह अभी तक प्राप्त नहीं हुई है, कामचलाऊ व्यवस्था की गई है।

कारख़ाना (factory)

इस कारख़ाने में सभी मशीनें पुरानी हैं फिर भी काफ़ी माल बनाया जा रहा है।

कारण (reason, cause)

इस ओर रेल निकालने की योजना काफ़ी समय से बन रही है लेकिन कई कारणों से अभी तक इसे कार्यान्वित नहीं किया जा सका है।

कारण बताओ नोटिस (show cause notice)

उसे कारण बताओ नोटिस दिया जाए कि कार्यालय से पिछले एक महीने से अनधिकृत रूप से अनुपस्थित रहने के आधार पर उसके विरुद्ध अनुशासनिक कार्रवाई क्यों न की जाए।

कारावास (imprisonment)

हत्या के अपराध में एक व्यक्ति को आजन्म कारावास का दंड दिया गया।

कार्मिक (personnel)

जो पद खाली है उन्हें भरने के लिए कार्मिक विभाग आवश्यक कार्रवाई कर रहा है।

कार्य (work, task)

यह कार्य मुझे हाल ही में सौंपा गया है, उसे पूरा करने की कोशिश कर रहा हूं।

कार्यकलाप (activities)

हमारे विभाग के कार्यकलाप का विवरण वार्षिक रिपोर्ट में प्रकाशित कर दिया गया है।

कार्यकारिणी (executive committee)

संस्था की कार्यकारिणी की बैठक अगले सप्ताह होने वाली है।

कार्यकाल (term of office)

राज्यपाल का कार्यकाल सामान्यतः 5 वर्ष होता है।

कार्यक्रम (programme)

इस सम्मेलन के अवसर पर एक सांस्कृतिक कार्यक्रम भी रखा जाएगा।

कार्यक्षेत्र (field of activity)

हमारा कार्यक्षेत्र सीमित है, यह विषय उसमें नहीं आता है।

कार्यदिवस (working day)

पिछले दिनों कपड़ा मिल में जो हड़ताल रही उससे कई सौ कार्यदिवस का नुकसान हुआ।

कार्यपालक (executive)

लोक-निर्माण विभाग के कार्यपालक इंजीनियर ने नई बनी इमारत का निरीक्षण कर लिया है।

कार्यप्रणाली (modus operandi)

इस योजना को पूरा करने के लिए अपनाई गई कार्यप्रणाली सन्तोषजनक नहीं है।

कार्यभार (charge of a post)

नये महानिदेशक ने अपने पद का कार्यभार संभाल लिया है।

कार्यवाहक (acting)

निदेशक दो महीने की अर्जित छुट्टी पर हैं, इस बैठक में कार्यवाहक निदेशक सम्मिलित हुए।

कार्यवाही (proceedings)

संसद की कार्यवाही का शब्दशः रिकार्ड रखा जाता है।

कार्यवृत्त (minutes)

बैठक एक महीने पूर्व हुई थी लेकिन उसका कार्यवृत्त अभी तक प्राप्त नहीं हुआ है।

कार्य-समय (business hours)

सरकारी कार्यालयों का कार्य-समय आम तौर से प्रात: 10-00 बजे से सायंकाल 5-00 बजे तक होता है।

कार्य-समिति (working committee)

कांग्रेस की कार्य-समिति के सदस्यों की सूची समाचारपत्रों में प्रकाशित कर दी गई है।

कार्यसाधक ज्ञान (working knowledge)

जिन सरकारी कर्मचारियों को नौकरी में आते समय हिन्दी नहीं आती उनको बाद में हिन्दी का कार्यसाधक ज्ञान कराया जाता है।

कार्यसूची (agenda)

बैठक की कार्यसूची में 20 मदें हैं अत: यह बैठक काफ़ी देर तक चलेगी।

कार्यान्वयन (implementation)

योजना बहुत अच्छी है लेकिन इसका लाभ तभी होगा यदि इसका कार्यान्वयन शीघ्र किया जाए।

कार्यालय (office)

हमारे विभाग के कार्यालय कलकत्ता, बम्बई, मद्रास आदि सभी बड़े-बड़े नगरों में हैं।

कार्यालय आदेश (office order)

कर्मचारियों की नियुक्ति, तबादले आदि के बारे में जो कार्यालय-आदेश ज़ारी होते हैं वे हिन्दी तथा अंग्रेजी दोनों भाषाओं में निकाले जाते हैं।

कार्यालय-प्रति (office copy)

पत्र भेज चुका हूं, इसकी कार्यालय-प्रति फ़ाइल में लगा दीजिए।

कार्योत्तर (ex-post facto)

कृपया बताएं कि इस ख़र्च की बाबत कार्योत्तर मंज़ूरी क्यों मांगी जा रही है और इसके लिए पहले से मंज़ूरी लेने के लिए कार्रवाई क्यों नहीं की गई?

कार्रवाई (action)

कार्यालय में जो भी पत्र आएं उन पर तुरंत कार्रवाई की जानी चाहिए।

कालबाधित (time barred)

यात्रा पर आपने जो व्यय किया है उसके सम्बन्ध में यात्रा-भत्ता बिल 6 माह के भीतर प्रस्तुत कर देना चाहिए था। अब आपका दावा कालबाधित होगा।

कालानुक्रम (chronological)

यह मामला बहुत पुराना है। कृपया इसके मुख्य-मुख्य तथ्यों को कालानुक्रम से संक्षिप्त रूप में लिख दीजिए।

कालांतर (in the course of time)

इस प्रश्न पर विभिन्न राज्यों के बीच कई वर्ष से मतभेद चल रहा है। आशा है कालांतर में यह समस्या स्वयं ही सुलझ जाएगी।

काल्पनिक प्रश्न (hypothetical auestion)

उसने कई ऐसे प्रश्न पूछे कि यदि ऐसा हो तो क्या होगा, आदि। चूंकि ये सब काल्पनिक प्रश्न थे, उनका उत्तर देने की आवश्यकता नहीं समझी गई।

किंचित् (slight)

मुझे आपके यहां आने के बारे में किंचित् भी सूचना नहीं अन्यथा मैंने आपके लिए सभी आवश्यक प्रबंध करा दिए होते।

किराया (rent, fare)

1. मकान बदलने पर अब मुझे पहले की अपेक्षा अधिक किराया देना पड़ता है।

2. दिल्ली और मेरठ के बीच दूसरे दर्जे का रेल-किराया पांच रुपये है।

किरायेदार (tenant)

मेरे मकान में तीन किरायेदार हैं, उन सबसे किराया महीने की पहली तारीख़ को मिल जाता है।

क़िस्त (instalment)

मकान बनाने के लिए मैंने पच्चीस हज़ार रुपये उधार लिये हैं। यह राशि मैं 20 वर्ष में क़िस्तों में चुकाऊंगा।

क़ीमत (price)

वस्तुओं की क़ीमतें बढ़ने से भी सभी को परेशानी होती है।

कुंजी-पटल (key board)

अब नये कुंजी-पटल के हिन्दी टाइपराइटर काफ़ी संख्या में बनने लगे हैं।

कुटीर उद्योग (cottage industry)

गांवों में बेकारी की समस्या को हल करने के लिए कुटीर उद्योगों को प्रोत्साहन दिया जा रहा है।

कुंठा (frustration)

उसे काफ़ी समय से कोई पदोन्नति नहीं मिली इसलिए वह कुंठाग्रस्त है।

कुप्रबंध (mismanagement)

कुप्रबंध के कारण कारखाना पिछले कई वर्षों से घाटे में चल रहा है।

कुर्की (attachment of property)

उसने आयकर नहीं दिया इसलिए उसकी जायदाद की कुर्की कर ली गई।

कुल (total)

इस महीने जिन बिलों का भुगतान होना है उनकी कुल राशि 35,000 रुपये

बनती है।

कुलपति (chancellor)

विश्वविद्यालय के कुलपतियों के सम्मेलन में इस बात पर भी विचार हुआ कि उच्च शिक्षा के लिए भारतीय भाषाओं को किस प्रकार माध्यम बनाया जाए।

कुशल (skilled, efficient)

वह अत्यन्त कुशल कार्यकर्ता है, उसके काम की सभी प्रशंसा करते हैं।

कृते (for, on behalf of)

किसी अन्य व्यक्ति की ओर से किसी पत्र पर हस्ताक्षर करते समय 'कृते' शब्द का प्रयोग किया जाता है।

कृत्रिम (artificial)

यह रेशम कृत्रिम है, असली नहीं।

कृपया (please, kindly)

कृपया इस राशि की मंज़ूरी शीघ्र भिजवा दीजिए।

कृषि (agriculture)

भारत ने कृषि के क्षेत्र में भी आश्चर्यजनक उन्नति की है।

केंद्र (centre)

संघ लोक सेवा आयोग द्वारा ली जाने वाली परीक्षाओं के केंद्र कई नगरों में रहते हैं।

केंद्रित (centralised)

इस समय सरकार के काम केंद्रित रूप में किए जा रहे हैं। यदि उनका विकेंद्रीयकरण कर दिया जाए तो काम की गति बढ़ सकती है।

केंद्रीय (central)

केंद्रीय सरकार के कार्यालयों में हिन्दी तथा अंग्रेजी दोनों ही भाषाओं का प्रयोग होता है।

केंद्रीयकरण (centralisation)

पहले सभी अधिकारों का केंद्रीयकरण होता था। अब यह प्रयत्न किया जा रहा है कि नीचे के कार्यालयों को अधिकतम अधिकार सौंपे जाएं।

कोटि (quality)

यह कारखाना नया है लेकिन इसमें उच्च कोटि का माल बनने लगा है।

कोष्ठक (bracket)

यदि हिन्दी शब्दों के प्रचलित अंग्रेजी पर्याय कोष्ठक में दे दिए जाएं तो फिर किसी को भी हिन्दी का पत्र समझने में कठिनाई नहीं होगी।

क्रम (serial, order)

1. कृपया क्रम संख्या के अनुसार सभी पत्रों को तरतीब से लगा दें।

2. उम्मीदवारों को इंटरव्यू के लिए क्रम से बुलाया जा रहा है।

क्रमबद्ध (phased)

किसी क्षेत्र का विकास एकदम होना सम्भव नहीं है, उसके लिए क्रमबद्ध योजना बननी चाहिए।

क्रमशः (respectively)

वित्त मंत्रालय और गृह मंत्रालय में क्रमशः 80 प्रतिशत और 85 प्रतिशत कर्मचारी हिन्दी का कार्यसाधक ज्ञान रखते हैं।

क्रमांक (serial number)

कृपया अपने पत्र की तारीख और क्रमांक बता दें जिससे उसे ढूंढ़ने में मदद मिल सके।

क्रमिक (progressive, gradual)

सरकार का प्रयत्न है कि कार्यालयों में हिन्दी का प्रयोग क्रमिक रूप से बढ़े।

क्रय (purchase)

यह सामान साल-भर की आवश्यकता पूरी करने के लिए क्रय किया जा रहा है।

क्रियात्मक (practical)

उनके सभी सुझाव क्रियात्मक हैं, उन्हें मान लेना उचित होगा।

क्रियाविधि (procedure)

इस कार्यालय की क्रियाविधि बहुत पुरानी है, आधुनिक आवश्कताओं के अनुसार इसमें संशोधन की आवश्यकता है।

क्रियाशील (active)

विधानसभा या लोकसभा के जो सदस्य अपने कार्यकाल में क्रियाशील रहते हैं उन्हें दुबारा चुने जाने में कोई कठिनाई नहीं होती है।

क्षणिक (momentary)

क्षणिक जोश से कोई अच्छा काम पूरा होना कठिन है, उसके लिए लगातार मेहनत ज़रूरी है।

क्षति (damage, loss)

पेट्रोल भंडार में आग लग जाने से आसपास की अनेक इमारतों को क्षति पहुंची।

क्षतिपूर्ति (compensation)

दूसरी मोटरगाड़ी के ड्राइवर की असावधानी से जो दुर्घटना हुई उसमें मेरी कार काफी टूट-फूट गई थी। उसकी क्षतिपूर्ति के लिए मैंने दावा दायर कर दिया है।

क्षतिपूर्ति बंधपत्र (indemnity bond)

आपके पास माल की बिल्टी नहीं है। यह आपको क्षतिपूर्ति बंधपत्र भरकर देने पर ही मिल सकेगा।

क्षमता (capacity)

इस कारख़ाने की वार्षिक उत्पादन क्षमता पहले 2000 टन थी। अब इसे बढ़ाकर 2500 टन कर दिया गया है।

क्षमा (pardon)

1. उसने अपनी ग़लती के लिए क्षमा मांग ली।
2. भारत ने उदारतापूर्वक अपने शत्रु को क्षमा कर दिया।

क्षेत्र (area, field, territory, region)

1. पूर्वी यूरोप के अनेक देश सोवियत रूस के प्रभाव-क्षेत्र में हैं।
2. क्षेत्र-प्रचार अधिकारी ने जनता में अल्प बचत का प्रचार करने के लिए फ़िल्म-शो का आयोजन किया।
3. युद्ध के समय शत्रु के जो क्षेत्र भारत के कब्ज़े में आ गए थे, युद्ध-विराम के बाद वे क्षेत्र उन्हें वापस लौटा दिए गए।
4. पिछड़े क्षेत्रों के विकास के लिए वहां अनेक नये उद्योग लगाए जा रहे हैं।

क्षेत्रफल (area i.e. length × breadth)

इस खेत का क्षेत्रफल चार एकड़ है।

क्षेत्राधिकार (jurisdiction)

जिला मजिस्ट्रेट का क्षेत्राधिकार अपने ज़िले तक ही सीमित होता है।

क्षेत्रीय (regional)

इस विषय पर चर्चा करने के लिए पहले क्षेत्रीय स्तर की कांफ्रेंस बुलाना उचित होगा।

खंड (clause, volume, part)

1. इस अधिनियम की धारा 3 के खंड 4 में इस बात का प्रावधान है कि…।
2. वित्तीय नियमावली के खंड दो का नया संस्करण हाल ही में छपा है।
3. इस भवन के कई खंड हैं।

खंडन (refutation)

निदेशालय ने इस आरोप का खंडन किया है कि माल की ख़रीद बिना टेंडर मंगाए की गई थी।

खज़ांची (cashier)

ख़जांची को रुपये-पैसों के भुगतान के मामले में बहुत सावधानी बरतनी पड़ती है।

ख़ज़ाना (treasury)

कार्यालय के विभिन्न बिलों को ख़जाना भेज दिया गया है, वहां से चेक मिलने पर बिलों का भुगतान किया जाएगा।

खनिज (mineral)

देश में खनिज पदार्थों की कमी नहीं है, नयी खानों का पता लगाने का काम भी चल रहा है।

खपत (consumption)

चीनी की खपत अब गांव में भी होने लगी है इसलिए इसकी मांग बढ़ती जा रही है।

ख़रीदना (purchase)

मैंने यह रेडियो दस वर्ष पूर्व खरीदा था, अभी भी ठीक काम दे रहा है।

ख़र्च (expense, expenditure)

रेडियो को यदि बिजली से चलाया जाय तो उसमें कम ख़र्च आता है, बैटरी सेल से चलाने पर ख़र्च अधिक आता है।

ख़ालिस (pure)

यह कहना कठिन है कि इस टिन में ख़ालिस घी है या उसमें कोई मिलावट है।

ख़ाली (vacant, empty)

1. हमारे कार्यालय में लिपिकों के कई पद ख़ाली पड़े हैं।
2. इस बोरी में से चीनी निकाल ली गई है, अब यह ख़ाली है।

खाता (ledger, account)

1. इस वर्ष जो रुपया जमा कराया गया है अथवा निकाला गया है उसका विवरण खाते से मालूम हो सकेगा।
2. बैंक में मेरे बचत खाते का क्रमांक 403 है।

खाद्य (food)

खाद्य विभाग देश की खाद्य समस्याओं का समाधान करने के लिए कार्रवाई कर रहा है।

खान (mine)

कोयला खानों में आधुनिक यंत्र लगाने की योजना पर विचार हो रहा है।

ख़ारिज करना (dismiss a suit)

नियत तारीख़ पर वादी अदालत में हाजिर नहीं हुआ इसलिए मुक़दमा ख़ारिज कर दिया गया है।

खेद (regret)

मुझे खेद है कि अन्य व्यस्तता के कारण मैं बैठक में नहीं पहुंच सका।

गंतव्य (destination)

कृपया पार्सल पर गंतव्य स्थान का नाम स्पष्ट अक्षरों में लिखें जिससे माल ठीक रूप से पहुंच सके।

गंभीर (serious, grave)

हड़ताल के दौरान गोली चलने से स्थिति गंभीर हो गई।

गड़बड़ (disorder, mess)

1. सभा में नारेबाज़ी से काफ़ी गड़बड़ हो गई।
2. कार्यालय का प्रबंध ठीक नहीं है इसलिए सभी काम गड़बड़ में पड़ा हुआ है।

गठन (constitution, composition)

हाल ही में एक समिति का गठन हुआ है जो कृषि योजनाओं को अधिक प्रभावी बनाने के संबंध में अपने सुझाव देगी।

गणतन्त्र (republic)

प्रत्येक वर्ष 26 जनवरी को गणतन्त्र दिवस मनाया जाता है।

गणना (calculation, counting)

1. गणना ठीक नहीं हुई मालूम होती है, कृपया पड़ताल करें।
2. मतदान समाप्त हो चुका है, अब मतों की गणना की जा रही है।

गणपूर्ति (quorum)

बैठक की गणपूर्ति के लिए 5 सदस्यों की उपस्थिति ज़रूरी है।

गत (last, previous)

गत वर्ष भी बजट में घाटा था, इस वर्ष भी वही स्थिति है।

गति (speed)

आपकी टाइपिंग की गति कितने शब्द प्रति मिनट है?

गयत्वरोध (deadlock)

समिति में कई पद ख़ाली हैं। उनको भरने के संबंध में समझौता नहीं हो सका और गत्यवरोध अभी भी जारी है।

ग़बन (embezzlement)

हाल में ही पता चला है कि ख़ज़ांची ने काफ़ी धनराशि का ग़बन किया है।

ग़लती (mistake, fault)

उसने अपनी ग़लती के लिए क्षमा मांग ली है।

गवाह (witness)

इस मुक़दमे के दौरान दस गवाह अदालत में पेश हो चुके हैं, चार और आने हैं।

गवाही (evidence, testimony)

जिन व्यक्तियों को इस मामले के तथ्यों की जानकारी है उन्हें यथासमय गवाही के लिए बुलाया जाएगा।

गहन (intensive)

तीन महीने का एक गहन पाठ्यक्रम चलाया जाएगा जिसमें हिन्दी न जानने वाले कर्मचारियों को हिन्दी का प्रशिक्षण दिया जाएगा।

गिरवी (mortgage)

पुत्री की शादी के लिए उसे रुपयों की आवश्यकता थी, इसलिए उसने अपना मकान गिरवी रख दिया।

गुंजाइश (scope)

इस मसौदे में अभी सुधार की काफ़ी गुंजाइश है।

गुण (merits)

वह अपने गुणों के कारण ही इस पद के लिए चुना गया है।

गुण-दोष (merits-demerits)

इस मामले पर तुरन्त निर्णय लेना संभव नहीं है, गुण-दोषों पर विचार करके ही फ़ैसला किया जाएगा।

गुप्त (secret)

इस विषय पर जो पत्र राज्य सरकारों को भेजा गया है वह गुप्त है। अतः उसके बारे में आपको कुछ भी नहीं बताया जा सकता।

गुमनाम (anonyomus)

गुमनाम पत्र पर कोई कार्रवाई नहीं की जाती है। इस पत्र पर किसी के न तो हस्ताक्षर हैं और न किसी का पता है। अतः इसे फ़ाइल कर दिया जाए।

गृह मंत्रालय (Ministry of Home Affairs)

गृह मंत्रालय पुलिस, क़ानून और व्यवस्था आदि विषयों से संबंधित है।

ग़ैर-ज़िम्मेदार (irresponsible)

ग़ैर-ज़िम्मेदार व्यक्ति शायद ही अपने आश्वासन को कभी पूरा करता हो।

ग़ैर-सरकारी (non-official, private)

1. यह राष्ट्रीय महत्त्व का काम है। इसमें ग़ैर-सरकारी संस्थाओं को भी अपना सहयोग देना चाहिए।

2. मैं आपको यह बात ग़ैर-सरकारी रूप से (निजी हैसियत से) कह रहा हूं।

ग़ैर-हाज़िरी (absence)

कार्यालय में ग़ैर-हाज़िरी के संबंध में उससे स्पष्टीकरण मांगा गया है।

गोपनीय (confidential)

यह गोपनीय काग़ज़ है, इसे मोहर बन्द लिफ़ाफ़े में भिजवाइए।

गोष्ठी (seminar)

भारतीय उपग्रह के संबंध में आयोजित की गई गोष्ठी में अनेक वैज्ञानिकों ने भाग लिया।

गौण (subsidiary)

यह गौण विषय है। इस समय मुख्य-मुख्य समस्याओं के संबंध में ही बात कीजिए।

गौरव (pride, glory)

देश के लिए यह गौरव की बात है कि उसके खिलाड़ियों को इस वर्ष कई अन्तर्राष्ट्रीय पदक प्राप्त हुए।

ग्लानि (remorse)

अपनी टीम के बुरी तरह हारने का समाचार सुनकर हमें बड़ी ग्लानि हुई।

ग्रहण (to take, assumption of)

1. कृपया आसन ग्रहण कीजिए।

2. मुझे नियुक्ति-पत्र मिल गया है, शीघ्र ही नये पद का कार्यभार ग्रहण करना है।

ग्रामोद्योग (village industries)

ग्रामोद्योग आयोग की देश में अनेक शाखाएं हैं जो गांवों में कुटीर उद्योगों को प्रोत्साहन देती हैं।

ग्राह्य (admissible)

आपने यात्रा-भत्ता का दावा देर से प्रस्तुत किया है, वह अब गाह्य नहीं है।

घंटी (call bell)

चपरासी को बुलाने के लिए घंटी बजा दीजिए।

घनिष्ठ (intimate, close)

सरकारी काम के सिलसिले में ही मेरे उनसे घनिष्ठ संबंध हैं।

घपला (bungling)

कहा जाता है कि परमिट और लाइसेंस बांटने में काफ़ी घपला रहता है।

घटक (constituent)

कई राजनीतिक दलों के विलय से जनता पार्टी बनी है। उस दल के पूर्ण घटक मिलकर काम करने का प्रयत्न कर रहे हैं।

घरेलू (domestic, private)

1. घरेलू नौकरों के काम के घंटे नियत नहीं हैं। सरकार उस संबंध में विचार कर रही है।

2. यह हमारा घरेलू मामला है, हम नहीं चाहते कि इसमें बाहर का कोई व्यक्ति दख़ल दे।

घसीटना (to drag)

मुझे इस मामले से कुछ लेना-देना नहीं है, कृपया मुझे इसमें मत घसीटिए।

घातक (fatal, lethal)

1. कल इस सड़क पर एक घातक दुर्घटना हो गई, बस की टक्कर से दो व्यक्ति मर गए।

2. डाकुओं ने घातक अस्त्रों का प्रयोग किया, उससे एक व्यक्ति मर गया।

घाटा (deficit, loss)

1. इस वर्ष के बजट में 5 करोड़ रुपये का घाटा होने का अनुमान है।

2. उसने कलकत्ता से जो माल मंगाया है उसे यहां बेचने में चार हज़ार रुपये का घाटा हुआ।

घुसपैठ (infiltration)

पुलिस इस बात की सावधानी रखती है कि घुसपैठ करने वाले व्यक्ति सीमा पार करके हमारे देश में न आ जाएं।

घूस (bribe, illegal gratification)

घूस लेना और देना दोनों ही अपराध हैं।

घूसख़ोरी (bribery)

घूसख़ोरी समाप्त करने के लिए सभी के सहयोग की आवश्यकता है।

घोर (serious, gross)

1. बोनस न मिलने से मिल-मजदूरों में घोर असंतोष है।

2. यह दुर्घटना कुछ रेल-कर्मचारियों के घोर प्रमाद (negligence) के कारण ही हुई है।

घोषणा (declaration)

मंत्रिमंडल के नये सदस्यों की घोषणा आज सायंकाल होने वाली है।

घृणा (hatred)

विभिन्न वर्गों में घृणा फैलाने की कोशिश करना क़ानूनी अपराध है।

घेरना (to encirele)

शत्रु सेना को चारों ओर से घेर लिया गया है, अब उसकी हार निश्चित है।

घेराव (gherao)

सरकार ने अपील की है कि मज़दूर वर्ग घेराव का सहारा न लें और विवादों को वैधानिक उपायों से हल करने का प्रयत्न किया जाए।

चंगुल (clutch)

पुलिस ने अपहृत बच्चों को डाकुओं के चंगुल से मुक्त करा लिया।

चंचल (fickle, inconstant)

वह चंचल बुद्धि का आदमी है, कभी स्थिर नहीं रहता है।

चम्पत (disappeared, absconded)

पुलिस को आता देखकर चोर चम्पत हो गया।

चकबंदी (consolidation of holdings)

इस गांव में चकबंदी अगले महीने से आरम्भ होगी।

चकमा (trick, dodge)

अपराधी पुलिस को चकमा देकर बच निकला और फिर नहीं पकड़ा जा सका।

चढ़ना (rise, mount/ride)

1. बाढ़ के कारण गंगा का पानी चढ़ता जा रहा है।

2. क्या आप घोड़े पर चढ़ सकते हैं ?

चतुर (shrewd, clever)

सेनापति बहुत चतुर था इसलिए वह अपनी सेना को बचाकर सुरक्षित ला सका।

चपरासी (peon)

चपरासी द्वारा यह पत्र भिजवा दिया गया है।

चयन (selection)

इन चार पदों के लिए पन्द्रह उम्मीदवारों का इंटरव्यू हुआ था। उनमें से तीन का चयन हुआ है, बाक़ी ठीक स्तर के नहीं थे।

चरित्र-पंजी (character roll)

पदोन्नति के अवसर पर सभी उम्मीदवारों की चरित्र-पंजी देखी जाती है।

चरित्र प्रमाण-पत्र (character certificate)

आप दो सम्मानित व्यक्तियों से चरित्र प्रमाण-पत्र ले आएं तभी आपकी नियुक्ति के बारे में विचार किया जाएगा।

चर्चा (discussion)

सम्बन्धित विभागों के अधिकारियों की बैठक में इस विषय पर चर्चा हो चुकी है।

चल सम्पत्ति (movable property)

उसके पास अचल सम्पत्ति तो अधिक नहीं है किन्तु चल सम्पत्ति काफ़ी है।

चापलूसी (flattery)

वह काम कम करता है और चापलूसी अधिक। लेकिन उससे सफलता मिलने वाली नहीं है।

चालाक (clever, cunning)

उससे सावधान रहिए, वह बहुत चालाक व्यक्ति है।

चालू (current, prevalent)

1. चालू वित्त वर्ष में अब बहुत कम राशि बची है।

2. चालू पद्धति के अनुसार पहले इस बात पर उप समिति विचार करेगी और उसकी सिफ़ारिशों को पूरी समिति के सामने प्रस्तुत किया जाएगा।

चिपकाना (to paste)

यह कागज फटा हुआ था, इसे ठीक तरह चिपका दिया गया है।

चिट्ठा (muster roll)

मजदूरों को मजदूरी दे दी गई है और उनके हस्ताक्षर चिट्ठे पर करा लिये गए हैं।

चिल्लाना (to shout)

चिल्लाइए नहीं, शांति से बैठिए। बारी आने पर आपको बुलाया जाएगा।

चिह्न (mark, sign)

जिन मदों की पड़ताल कर ली गई है उन पर "टिक" का चिह्न लगा दिया गया है।

चुंगी (octroi, terminal tax)

नगर में जो माल बाहर से आता है उस पर नगरपालिका चुंगी वसूल करती है।

चुनाव (election, selection)

1. विधान सभा के चुनाव दो महीने के लिए स्थगित कर दिए गए हैं।

2. परीक्षा के परिणाम के आधार पर उम्मीदवारों का चुनाव कर लिया गया है।

चुनौती (challenge)

शत्रु की चुनौती का सामना करने के लिए सारा राष्ट्र तैयार है।

चुप (quiet, silent)

इतने समय तक आप चुप बैठे रहे और अब आप इतनी जल्दी मचा रहे हैं।

चूक (default, lapse)

यह चूक गंभीर प्रकार की है। इस पर अनुशासनिक कार्रवाई की जाएगी।

चेतना (consciousness)

बस की टक्कर से वह बेहोश हो गया और काफ़ी देर तक उसे फिर चेतना नहीं हुई।

चेतावनी (warning)

विभाग ने उसे चेतावनी दी है कि वह कार्लालय में समय पर जाए अन्यथा अनुशासनिक कार्रवाई की जाएगी।

चौकसी (vigilance)

पिछले महीने दो बार चोरी की घटना हो चुकी है इसलिए चौकीदार को कहा गया है कि ठीक प्रकार से समान की चौकसी करे।

चौथाई (one fourth)

जितने विद्यार्थी परीक्षा में बैठे उनमें से केवल एक चौथाई सफल हुए हैं।

च्युत (deprived, dropped, removed)

उसके विरुद्ध लगाए गए आरोप सिद्ध हो गए हैं इसलिए उसे पदच्युत कर दिया गया है।

छंटनी (retrenchment)

द्वितीय महायुद्ध के बाद सभी विभागों में कर्मचारियों की छंटनी हुई थी।

छंटाई (sorting, weeding)

1. डाकघरों में पत्रों की छंटाई का काम सावधानीपूर्वक किया जाता है जिससे पत्र ठीक स्थान पर जल्दी से जल्दी भेजे जा सकें।

2. जिन पुरानी फ़ाइलों की अब आवश्यकता नहीं रह गई है उनकी छंटाई की जा रही है।

छद्म (disguise)

जासूस लोग अक्सर छद्म वेश में रहकर अपना काम करते हैं।

छावनी (cantonment)

इस छावनी में सेना की अनेक यूनिटें रहती हैं।

छपाई (printing)

फ़ार्मों की छपाई हो रही है, प्रेस से आने के बाद आपको एक हज़ार फ़ार्म दे दिए जाएंगे।

छमाही (six monthly)

यह विवरण छमाही भेजा जाता है।

छात्रवृत्ति (scholarship)

मेधावी छात्रों को छात्रवृत्ति मिलती है।

छानबीन (scrutiny)

काग़ज़ों की छानबीन कर ली गई है और उससे अनेक तथ्य सामने आए हैं।

छाप (impression)

अपराधी को पकड़कर पुलिस ने उसके अंगूठे की छाप ले ली है।

छीछालेदर (humilation, disgrace)

बैठक में उसके द्वारा किए गए अनियमित कार्यों की बात उठने पर उसकी काफ़ी छीछालेदर हुई।

छापाखाना (printing press)

सरकारी छापेखाने में काफ़ी काम पहले से ही पड़ा हुआ है इसलिए अन्य फ़ार्म प्राइवेट प्रेसों में छपवाने पड़े।

छीजन (wastage)

किसी भी माल को बार-बार एक स्थान से दूसरे स्थान पर ले जाने में काफ़ी छीजन हो जाती है।

छुआ-छूत (untouchability)

सामाजिक जागृति हो जाने के कारण अब छुआ-छूत काफ़ी हद तक मिट चुकी है।

छुटकारा पाना (get rid of)

अच्छे डॉक्टर का इलाज कराने से ही मैं बीमारी से छुटकारा पा सका हूं।

छुट्टी (leave, holiday)

1. मैं दो दिन की आकस्मिक छुट्टी ले रहा हूं।

2. अगले सप्ताह दीपावली की छुट्टी होगी।

छूट (rebate, exemption)

1. हथकरघा सप्ताह होने के कारण हथकरघा के माल पर 10 प्रतिशत छूट दी जा रही है।

2. सामान्यत: सिनेमाघरों में दिखाई जाने वाली फ़िल्मों पर मनोरंजन कर लगता है लेकिन कुछ विशेष प्रकार की फ़िल्मों पर इस कर से छूट दे दी जाती है।

छोड़ना (relinquish, leave, omit)

1. पद छोड़ते समय उन्होंने कार्यालय के सभी काग़ज़ अपने उत्तराधिकारी को संभलवा दिए।

2. आप नगर छोड़कर क्यों जा रहे हैं ?

3. इस अंग को लेख में शामिल न करें, इसे छोड़ ही दें।

जगह (space/accommodation, place)

1. हमारे मकान में काफ़ी जगह है।

2. कारख़ाना लगाने के लिए यह बहुत अच्छी जगह है।

जटिल (complicated, intricate)

मामला बहुत जटिल है, इसे सुलझाने के लिए काफी प्रयत्न करना होगा।

जनगणना (census)

पिछली जनगणना सन् 1981 में हुई थी, अगली सन् 1991 में होगी।

जन-जातियां (tribes)

आदिम जनजातियों वाले क्षेत्र में शिक्षा का प्रसार करने के लिए कई

योजनाएं बनाई गई हैं।

जनता (people, public)

जनता की मांग पर इस क्षेत्र से उन अधिकारियों का तबादला कर दिया गया है जिनके विरुद्ध भ्रष्टाचार के आरोप थे।

जब्त करना (forfeit, proscribe, confiscate)

1. जिन उम्मीदवारों को चुनाव में बहुत कम मत प्राप्त हुए उनकी ज़मानत ज़ब्त कर ली गई है।

2. इस पुस्तक में कई अश्लील अंश थे इस कारण पुस्तक को ज़ब्त कर लिया गया।

3. पुलिस ने तस्करी का माल पकड़ा और उसे ज़ब्त कर लिया।

जमाखर्च (credit and debit, to account for)

आपको जो भी राशि प्राप्त हो अथवा आप जो रुपया किसी को दें उसका जमाख़र्च अपने हिसाब में उसी दिन कर लें।

जमानत (bail, security)

1. अदालत ने अपराधी को ज़मानत पर छोड़ दिया।

2. मैंने उसकी ज़मानत दी है तभी उसे ऋण मिल सका।

जयंती (jubilee)

स्वाधीनता-प्राप्ति के पच्चीस वर्ष होने पर उसकी रजत जयन्ती मनाई गई।

ज़रूरी (urgent, necessary)

मुझे आज ज़रूरी जाना है, कृपया मेरी सीट रिज़र्व करा दें।

जलपान (refreshment)

कार्यक्रम समाप्त होने पर सभी उपस्थित व्यक्तियों को जलपान कराया गया।

जलूस (procession)

भारत के अनेक त्योहरों पर बड़े-बड़े जलूस निकलते हैं।

जवाब (answer, reply)

1. आपके प्रश्न का जवाब दे रहा हूं।

2. आपकी चिट्ठी का जवाब कल भेज दिया गया।

जवाबतलबी (call for explanation)

उसने अपने अधिकारियों के आदेश के अनुसार कार्रवाई नहीं की इसलिए उसकी जवाबतलबी हुई।

जहाजरानी (shipping)

जहाज़रानी मंत्रालय द्वारा इस बात का प्रयत्न हो रहा है कि भारत को जो माल विदेशों से आता है, वह सामान्यतः भारतीय जहाज़ों में ही मंगाया

जाए।

जागृति (awakening)

समाज में जागृति आने से अब बाल-विवाह बहुत कम होते हैं।

जांच (investigation, enquiry)

1. इस सप्ताह जो हत्या हुई थी पुलिस उसकी अभी भी जांच कर रही है।

2. उसके विरुद्ध अनुशासनिक कार्रवाई शुरू कर दी गई है और जांच अधिकारी नियुक्त कर दिया गया है।

जानकारी (information, knowledge)

1. कल की घटना के बारे में अभी तक पूरी जानकारी नहीं मिल पायी है।

2. मुझे इस तथ्य की जानकारी नहीं थी।

जानबूझकर (deliberately, knowingly)

अनजाने में कोई गलती हो जाए तो वह क्षम्य है लेकिन जानबूझकर की गई ग़लती को कोई क्षमा नहीं करेगा।

जारी करना (to issue)

यह पत्र बहुत ज़रूरी है, इसे अभी जारी कर दो।

जावक (outgoing)

इस खाने में जावक डाक रखी है, दूसरी ओर बाहर से आए हुए पत्र रखे हैं।

जीवन बीमा (life insurance)

जीवन बीमा के लाभ से सभी परिचित हैं।

जीवित (alive)

रेल दुर्घटना में कई व्यक्ति डिब्बों के नीचे दब गए थे, पुलिस दल की तत्परता से वे सब जीवित निकाल लिये गए।

जुर्म (crime, offence)

चोरी करना जुर्म है।

जुर्माना (fine, penalty)

जो व्यक्ति यातायात नियमों का उल्लंघन करते पकड़े जाते हैं उनसे मौके पर ही जुर्माना वसूल कर लिया जाता है।

जैसा (like, such as)

इस जैसा सुन्दर नगर शायद ही और कहीं मिल पाएगा।

जैसे (for instance, e. g.)

देश की सेवा में जीवन लगाने वाले व्यक्ति सदा याद किए जाते हैं, जैसे महात्मा गांधी, सरदार पटेल आदि।

जोखिम (risk)

यह माल आप अपनी जोखिम पर भेज रहे हैं, रास्ते की टूट-फूट के लिए हम

ज़िम्मेदार नहीं होंगे।

जोड़ (total, joint)

1. अपने हिसाब में प्रति माह पचास रुपये जमा करता हूं, अतः वर्ष में जमा की गई राशि का जोड़ छः सौ रुपये हुआ।

2. इस फ़र्नीचर में जोड़ लगा है, यह ध्यान रखें कि यह जोड़ जल्दी न खुल जाए।

ज्ञात (understood)

ज्ञात हुआ कि आप अगले महीने इस कार्यालय का निरीक्षण करने वाले हैं।

ज्ञान (knowledge)

केन्द्रीय सरकार के कर्मचारियों को हिन्दी भाषा का इतना ज्ञान प्राप्त कर लेना ज़रूरी है कि वे अपना साधारण काम-काज हिन्दी में कर सकें।

ज्ञापन (memorandum)

पेंशन संबंधी अतिरिक्त सुविधाओं के बारे में जो कार्यालय-ज्ञापन जारी हुआ है उसकी प्रतिलिपि अभी हमारे कार्यालय में नहीं पहुंची है।

ज्येष्ठ (senior, elder)

1. ज्येष्ठ सहयोगी होने से हम सभी उसका आदर करते हैं।

2. वह मेरा ज्येष्ठ भाई है।

झगड़ा (quarrel)

छोटी-छोटी बात पर झगड़ा करना उचित नहीं हैं।

झगड़ालू (quarrelsome)

वह व्यक्ति झगड़ालू प्रवृत्ति का है।

झगड़े का (disputed)

यह झगड़े का मामला है, मैं इसमें नहीं पड़ना चाहता।

झटपट (quickly, promptly)

मैंने यह काम झटपट कर डाला है।

झिड़कना (to snub)

वह व्यर्थ बकवास कर रहा था, इसपर उसके अधिकारी ने उसे झिड़क दिया।

झुंझलाहट (irritation)

आप जब बार-बार वही पुरानी बात दोहराते जाएंगे तो दूसरों को झुंझलाहट हो सकती है।

झुकना (to bend, to bow)

1. सिद्धान्तों वाले व्यक्ति अन्याय के सामने नहीं झुकते।

2. देश पर मर मिटने वालों के लिए सभी आदर से सिर झुकाते हैं।

झूठा (false, liar)

1. यह आरोप झूठा है।

2. उसने कोई बात सच नहीं कही, सब जानते हैं कि वह झूठा है।

झुकाव (leaning, inclination)

उसका समाजवाद की ओर झुकाव है इस कारण वह सदा मज़दूरों का समर्थन करता रहेगा।

टंकक (typist)

कार्यालय में बिना टंकक के काम नहीं चल सकता।

टकटकी (stare, gaze)

हवाई जहाज़ की आवाज सुनकर अनेक व्यक्ति टकटकी लगाकर आसमान की ओर देखने लगते हैं।

टक्कर (collision, clash)

1. दो रेलों की आमने-सामने की टक्कर हो गई।

2. एक छोटी-सी बात पर दो दलों की टक्कर हो गई और उसमें अनेक व्यक्ति घायल हो गए।

टकसाल (mint)

अब टकसाल में काफ़ी सिक्के बन रहे हैं इसलिए रेज़गारी की कमी नहीं है।

टालना (to postpone)

यह मामला बहुत समय से लटका हुआ है इसे अब आगे टालना उचित न होगा।

टिप्पणी (note, comment)

इस मामले पर कृपया वित्त मंत्रालय की टिप्पणी देख ली जाए।

टूटफूट (wear and tear)

यह फ़र्नीचर दस वर्ष पुराना है इसलिए टूटफूट तो होगी ही।

ठहरना (to stay, halt)

1. अगली बार जब मैं आगरा आऊंगा तब आपके पास ठहरूंगा।

2. दौरे के समय मैं दो दिन लखनऊ ठहरूंगा।

ठीक (correct, right)

आप ठीक कहते थे कि उस व्यक्ति के सुधरने की कोई संभावना नहीं है।

ठिकाना (destination)

माल ठिकाने पर पहुंच चुका है।

ठेका (contract)

इस बार कैण्टीन का ठेका एक नये व्यक्ति को दिया गया है।

ठेकेदार (contractor)

नये ठेकेदार से दो हज़ार रुपये की जमानत जमा कराई गई है।

ठोस (concrete, solid)

बेरोजगारी कम करने के लिए सरकार की ओर से ठोस क़दम उठाए जा रहे हैं।

डटना (to remain firm)

सभी लोग उसकी प्रशंसा करते हैं कि वह अपनी बात पर डट जाता है।

डर (fear)

भीड़ को देखकर वह एकदम डर गया।

डरपोक (coward)

वह बहुत डरपोक है, उसे रात्रि में अकेले जाते हुए डर लगता है।

डराना (to frighten)

बलवान व्यक्ति ग़रीब को न तो सताते हैं और न डराते हैं।

डांटना (to rebuke, to scold)

छोटे बच्चे को प्रतिदिन डांटने से उसपर अच्छा प्रभाव नहीं पड़ता।

डिब्बा (wagon/compartment, small box)

1. इस मालगाड़ी में यहां से कई और डिब्बे जोड़ दिए गए हैं।

2. माल डिब्बे में बन्द है।

डाकख़ाना (post office)

मनीऑर्डर कराने के लिए डाकख़ाना जाना पड़ेगा।

डाकिया (post man)

डाकिया हमारे पत्र घर पर ही दे जाता है।

डॉक्टरी परीक्षा (medical examination)

सरकारी नौकरी में नियुक्ति से पहले डॉक्टरी परीक्षा करा ली जाती है।

ड्योढ़ा (one and half time)

यदि यह बिल एक महीने में नहीं चुकाया गया तो बाद में ड्योढ़ी राशि देनी पड़ेगी।

ढंग (method, manner)

मुझे खेद है कि यह काम ठीक ढंग से नहीं किया गया।

ढांचा (structure, set up, fsame work)

प्रशासनिक ढांचे में सुधार करने के लिए एक समिति का गठन किया गया है।

ढाना (to dismantle, to demolish)

जो इमारतें अनधिकृत रूप से बनाई गई थीं उन्हें ढाने के आदेश दे दिए गए हैं।

ढील (relaxation)

उम्मीदवार योग्यतम होते हुए भी अधिक आयु वाला है। उसके लिए आयु-सीमा में ढील देने के बारे में विचार किया जा रहा है।

ढुलाई (cartage)

माल को बाजार से मंगाने पर चार रुपये ढुलाई पर ख़र्च हुए।

ढोना (to carry, transport)

रेलगाड़ियां प्रतिदिन लाखों टन माल ढोती हैं।

तंग (narrow, tease)

1. दिल्ली की अनेक गलियां बहुत तंग हैं।
2. बिना बात किसी को तंग करना ठीक नहीं है।

तंगी (scarcity, poverty)

उसकी आमदनी बहुत कम है इसलिए वह अपने दिन तंगी से गुज़ार रहा है।

तंत्र (system)

शासन-तंत्र को सुधारने के लिए अनेक प्रयत्न किए गए हैं किंतु उनमें अभी आशाजनक सफलता नहीं मिली है।

तंदुरुस्ती (health)

यदि प्रतिदिन व्यायाम किया जाए तो तंदुरुस्ती अच्छी रहती है।

तक (upto, till, until)

1. यह सड़क एक महीने तक चालू हो जाएगी।
2. मैं आपकी कब तक प्रतीक्षा करूं।
3. जब तक मैं न आऊं तब तक यहां से न जाना।

तकनीकी (technical)

इस सम्मेलन में तकनीकी विषयों पर ही चर्चा होगी।

तकलीफ़ (trouble, distress)

1. आपने यहां आने की क्यों तकलीफ़ की, आप बुलाते तो मैं ही चला आता।
2. इस गांव के लोग बड़ी तकलीफ़ में हैं।

तटस्थ (neutral)

विश्व महायुद्ध के सामने कई राष्ट्र तटस्थ रहे और उन्होंने किसी भी ओर से युद्ध में भाग नहीं लिया।

तत्काल (immediate, at once)

यह पत्र बहुत ज़रूरी है, इसे तत्काल भेजिए।

तत्पर (ready)

जो भी आदेश मिलेगा उसे पूरा करने के लिए मैं तत्पर हूं।

तत्परता से विचार (active consideration)

इस योजना पर तत्परता से विचार किया जा रहा है।

तत्पश्चात् (thereafter)

बैठक में समस्या के सभी पहलुओं पर विचार हुआ। तत्पश्चात् सभी निर्णय सर्व-सम्मति से लिये गए।

तत्क्षण (instantaneously)

पिस्तौल से निकली गोली उसकी कनपटी पर लगी और उससे उसकी तत्क्षण मृत्यु हो गई।

तत्त्वावधान (auspices)

यह सम्मेलन साहित्य अकादेमी के तत्त्वावधान में हो रहा है।

तथा (and)

डाक तथा तार विभाग ने टेलीफोन की दरें बढ़ाने का निश्चय किया है।

तथाकथित (so called)

तथाकथित इंस्पेक्टर को गिरफ़्तार कर लिया गया है, मालूम हुआ कि वह कोई धोखेबाज़ व्यक्ति था !

तथापि (even so)

उसे इस बारे में अच्छी तरह समझा दिया गया था तथापि उसने सारा काम ग़लत ढंग से किया।

तथ्य (fact)

इस मामले के सभी तथ्य आपके सामने प्रस्तुत कर दिए गए हैं।

तथ्यपूर्ण (factual)

राज्य सरकार से प्राप्त पत्र तथ्यपूर्ण हैं। इससे स्थिति को सही रूप से समझने में सहायता मिलेगी।

तदनंतर (thereafter)

दिन में कांफ्रेंस चलेगी तदनंतर सायंकाल 6 बजे सांस्कृतिक कार्यक्रम होगा।

तदनुसार (accordingly)

बैठक में यह निर्णय लिया गया था कि जिन अधिकारियों को एक ही नगर में काम करते हुए 5 वर्ष या उससे अधिक हो गए हैं उनका तबादला कर दिया जाए। तदनुसार कार्रवाई की जा रही है।

तदर्थ (ad hoc)

इस पद को नियमित रूप से भरने में देर लगेगी। अभी इसे तदर्थ आधार पर भर लिया जाए।

तनाव (tension)

जलूस में कई व्यक्तियों ने उत्तेजनात्मक नारे लगाए इससे नगर में तनाव की

स्थिति पैदा हो गई है।

तनिक (slight, a little)

यदि वायुयान चालक तनिक देर करता तो भीषण दुर्घटना की संभावना थी।

तभी (just, at that time)

मैं अपने कमरे में पहुंचा ही था कि तभी आपका संदेश मिला।

तफ़सील (detail)

इस विषय में आपसे कुछ समय बाद तफ़सील से बात करूंगा।

तरक्क़ी (promotion, advancement)

उर्दू की तरक़्क़ी के लिए भी सरकार ने अनेक क़दम उठाए हैं।

तरतीब (arrangement)

रिकार्ड रूम में फ़ाइलें तरतीब से रखी गई हैं।

तरमीम (modification)

इस विषय पर जो नियम 10 वर्ष पूर्व बने थे उनमें अब काफ़ी तरमीम की ज़रूरत है।

तर्क (contention, argument, plea)

सरकार ने यह तर्क नहीं माना है कि महंगाई में जितनी-जितनी वृद्धि हो ठीक उसी अनुपात में महंगाई भत्ता बढ़ा दिया जाए।

तर्कसंगत (logical)

यह बात तर्कसंगत नहीं है कि आयकर की दरें ऊंची होने के कारण लोग नये उद्योग नहीं लगाते।

तसदीक करना (attest)

इस दस्तावेज़ की नक़ल को कृपया तसदीक करा लें।

तहस-नहस (destroyed, ruined)

महायुद्ध में बम्बारी से अनेक इमारतें तहस-नहस हो गईं।

ताकि (so that, in order that)

कल नगर में पुलिस का समुचित प्रबंध था ताकि कोई गड़बड़ न हो।

तात्कालिक (immediate)

आग की ख़बर मिलने पर फ़ायर बिग्रेड द्वारा तात्कालिक कारंवाई की जाती है।

तापमान (temperature)

वर्षा होने से तापमान काफ़ी कम हो गया है।

तार (telegraph, telegram)

यह तार तारघर में दो घंटे पहले आ चुका था, मुझे अब मिला है।

तारांकित (starred)

लोक सभा में तारांकित प्रश्न का जवाब देते हुए मंत्री जी ने इस मामले के सारे तथ्य प्रस्तुत किए।

तारीख़ (date)

अगली बैठक की तारीख़ अभी से निश्चित कर दी गई है।

तालिका (table)

पिछले 5 वर्षों में कितने-कितने टाइपराइटर ख़रीदे गए और कितने बेकार घोषित किए गए इसका विवरण नीचे तालिका में दिया जा रहा है।

तिगुना (triple, three times)

यह सामान यदि वायुयान से भेजा जाएगा तो उसमें रेल की अपेक्षा तिगुना किराया लगेगा।

तिथि (date)

आप अपने आने की तिथि सूचित कर दें जिससे हम आपके ठहरने आदि का प्रबंध कर सकें।

तिमाही (quarterly)

कई कार्यालयों ने अभी तक तिमाही विवरण नहीं भेजा है। उन्हें रिमाइंडर भेज दिया जाए।

तिरछी (oblique, slanting)

हिन्दी वाक्यों में विराम चिह्न के रूप में खड़ी रेखा लगाइए, तिरछी नहीं।

तिरस्कार (disregard)

ग़रीब आदमी का तिरस्कार करना उचित नहीं है उसके साथ भी मानवता का व्यवहार करना चाहिए।

तिहाई (one-third)

एक तिहाई काम निपटा है, बाक़ी भी जल्दी ही पूरा हो जाएगा।

तीक्ष्ण (sharp)

उसकी बुद्धि बड़ी तीक्ष्ण है वह जटिल समस्या को भी बड़ी जल्दी समझ लेता है।

तीव्र (fast)

राजधानी एक्सप्रेस बड़ी तीव्र गति से चलती है।

तीव्रता (intensity)

तूफ़ान की तीव्रता इतनी अधिक थी कि अनेक घरों की छतें उड़ गईं और काफ़ी नुकसान हुआ।

तुरत (express)

यह सन्देश जल्दी भेजना है, इसे तुरत तार (express telegram) द्वारा भेजिए।

तुरन्त (immediate, at once)

आग लगने की सूचना मिलते ही फ़ायर ब्रिगेड ने अपना एक दस्ता तुरन्त भेज दिया और उसने दस मिनट में आग पर क़ाबू पा लिया।

तुलन-पत्र (balance-sheet)

इस वर्ष का तुलन-पत्र तैयार हो गया है। उसके अनुसार कम्पनी को दो लाख रुपये से अधिक लाभ (मुनाफ़ा) हुआ है।

तुलना (comparison)

टेंडर खोलकर सभी भावों की तुलना कर ली जाएगी और न्यूनतम भाव वाले टेंडर को स्वीकार कर लिया जाएगा।

तुलनात्मक (comparative)

भावों का तुलनात्मक विवरण तैयार कर लिया गया है और फ़ाइल में पर्ची 'क' पर रखा है।

तुल्य (equivalent, like)

इन दोनों पदों के वेतनमान (scale of pay) समतुल्य हैं, फिर भी मैं वर्तमान पद पर ही रहना पसन्द करूंगा।

तृप्ति (gratification, satisfaction)

रोज़गार ही भूख और प्यास की तृप्ति का सबसे अच्छा साधन हो सकता है।

तैनाती (posting, deployment)

1. वित्त मंत्रालय में नियुक्ति होने पर उसकी तैनाती प्रशासन अनुभाग में हुई है।

2. रिज़र्व पुलिस की एक बटालियन को उत्तरी-पूर्वी क्षेत्र में तैनात किया जा रहा है।

तैयार (prepared, ready)

1. भारत की सेनाएं देश की रक्षा के लिए सदा तैयार रहती हैं।

2. मैं आपके साथ चलने के लिए तैयार बैठा हूं।

तोड़ना (to break)

भारत और पाकिस्तान का युद्ध छिड़ने पर दोनों देशों ने एक-दूसरे से राजनयिक सम्बन्ध तोड़ लिये।

त्रुटि (error, defect, mistake)

कृपया हमारी त्रुटियों को क्षमा कर दें।

त्रैमासिक (quarterly)

स्टाक की स्थिति के सम्बन्ध में हम अपने निदेशालय को त्रैमासिक विवरण भेजते हैं।

त्यागना (to relinquish, to give up)

1. शिक्षा मन्त्री के पदत्याग से मन्त्रिमण्डल में एक स्थान ख़ाली हो गया है।
2. मैंने दौरे पर जाने का विचार त्याग दिया है।

त्यागपत्र (resignation)

उसे दूसरे विभाग में बहुत अच्छी नौकरी मिल रही है, अतः वह यहां त्याग-पत्र दे देगा।

त्वरित (swift)

शत्रु के आक्रमण का मुक़ाबला करने के लिए हमारी सेना त्वरित रूप से आगे बढ़ी।

थकान (fatigue, tiredness)

पिछले सप्ताह लगातार बहुत अधिक काम करना पड़ा उससे अब थकान महसूस हो रही है।

थमना (to stop)

वर्षा थम गई है, अब आप जा सकते हैं।

थल (land)

थल सेना के पास अब आधुनिक भारी टैंकों की कमी नहीं है।

थामना (to hold, to support)

मुसीबत में किसी का हाथ थामने वाले व्यक्ति थोड़े ही होते हैं।

थाना (police station)

चोर को पकड़कर थाने ले गए और वहां उसे पुलिस के सुपुर्द कर दिया।

थैला (bag)

डाक का थैला अभी प्राप्त हुआ है।

थोथा (hollow)

उसके तर्क थोथे हैं, उन्हें स्वीकार नहीं किया जा सकता।

थोड़ा (short, little)

1. वह स्थान थोड़ी ही दूर है, आइए पैदल ही चलते हैं।
2. यह काम बड़ा आसान है, थोड़ी ही मेहनत से हो जाएगा।

थोपना (to impose)

हमें अपने विचार किसी दूसरे पर ज़बरदस्ती थोपने का प्रयत्न नहीं करना चाहिए।

दंगा (riot, disturbance)

यह ख़बर ग़लत थी कि जयपुर में साम्प्रदायिक दंगा हुआ।

दंड (penalty, punishment)

नियम-विरुद्ध अनियमित कार्य करने पर दंड मिल सकता है।

दंडात्मक (penal)

इन नियमों में दंडात्मक प्रावधान भी है जिसके अनुसार कार्रवाई की जा सकती है।

दक्ष (skilled, efficient)

1. दक्ष कारीगरों को अदक्ष कारीगरों की अपेक्षा अधिक वेतन मिलता है।

2. वह व्यक्ति अपने कार्य में दक्ष है, इसलिए उसका सभी आदर भी करते हैं।

दक्षतारोध (efficiency bar)

अगले वर्ष उसे तभी वार्षिक वेतन-वृद्धि मिल सकेगी जब वह दक्षतारोध पार करने के योग्य मान लिया जाएगा।

दख़ल (occupation, interference)

1. इस भूमि पर दूसरे व्यक्ति ने ज़बरदस्ती दख़ल कर लिया।

2. आपको किसी दूसरे व्यक्ति के मामले में दख़ल नहीं देना चाहिए।

दत्तक (adopted)

उसकी अपनी कोई सन्तान नहीं है, यह उसका दत्तक पुत्र है।

दमन (suppression)

ब्रिटिश शासन-काल में स्वाधीनता की मांग करने वाले व्यक्तियों का काफ़ी दमन किया गया।

दम्पति (couple)

विवाह संस्कार के बाद नवदम्पत्ति को मेहमानों ने आशीर्वाद दिया।

दर (rate)

किसानों को बैंक द्वारा दिए जाने वाले ऋण पर ब्याज की दर काफ़ी घटा दी गई है।

दर्ज करना (enter, record)

गवाहों ने जो बयान दिया है उसे शब्दशः दर्ज कर लिया गया है।

दलील (argument, plea)

आयत-शुल्क घटाने के बारे में व्यापारियों ने जो दलीलें दी हैं वे स्वीकृत नहीं की गईं।

दशा (condition)

रोगी की दशा थोड़ी सुधरी लेकिन बाद में एकदम बिगड़ गई।

दशाब्द (decade)

इस दशाब्द में विज्ञान ने आश्चर्यजनक प्रगति की है ।

दस्तकारी (handicraft)

दस्तकारी प्रदर्शनी में अनेक प्रदेशों की वस्तुएं रखी गई हैं ।

दस्तख़त (signature)

मैं आपके दस्तख़त भलीभांति पहचानता हूं ।

दस्तावेज़ (document)

क़ानूनी दस्तावेज़ पर सोच-समझकर दस्तख़त करने चाहिए ।

दस्ती (by hand)

यह चिट्ठी डाक द्वारा न भेजकर दस्ती भेज रहा हूं ।

दाख़ला (admission)

स्कूलों में अगले सप्ताह दाख़ले शुरू होंगे ।

दाख़िल (entered, admitted)

1. जैसे ही वह अन्दर दाखिल हुआ फाटक बन्द कर दिया गया ।

2. मरीज़ की हालत चिन्ताजनक थी, उसे अस्पताल में दाख़िल करा दिया गया ।

दान (donation)

नगर में अस्पताल बनाने के लिए अनेक व्यक्तियों ने सहर्ष दान दिया ।

दायरा (circle)

उसके मित्रों का दायरा बहुत बड़ा है ।

दायित्व (liability)

इस फ़र्म ने कई बैंकों से ऋण लिया है । कुल मिलाकर उसपर दो लाख रुपये का दायित्व है।

दावा (claim, suit)

1. उसने हरजाने के रूप में बीस हज़ार रुपये का दावा किया है ।

2. अपने रुपये की वसूली के लिए मैंने अदालत में दावा दायर किया है ।

दिनांक (date)

अगली बैठक दिनांक दस अगस्त को होगी ।

दिलचस्प (interesting)

कल का क्रिकेट मैच बड़ा दिलचस्प रहा ।

दिवस (day)

गणतन्त्र दिवस पर शानदार परेड होगी ।

दिवाला (insolvency, bankruptcy)

यह फ़र्म काफ़ी समय से नुकसान में चल रही है और इसका दिवाला निकल

गया है।

दिशा (direction)

कार्रवाई ठीक दिशा में हो रही है।

दुख (sorrow, suffering)

1. भूकम्प और वर्षा से जन-धन की जो हानि हुई है उसका सभी को दुख है।
2. जागीरदारों के अत्याचार से किसानों को बहुत दुख उठाने पड़े।

दुभाषिया (interpreter)

भिन्न भाषा बोलने वाले लोग जब किसी अन्तर्राष्ट्रीय सम्मेलन में भाग लेते हैं तो दुभाषियों की आवश्यकता पड़ती है।

दुराचरण (misconduct)

दुराचरण करने पर उसके विरुद्ध कठोर कार्रवाई की गई है।

दुरुपयोग (misuse, abuse)

अपने अधिकार का दुरुपयोग करने पर उसे नौकरी से बर्खास्त कर दिया गया।

दुरुस्त (fit, correct)

1. हमारी मोटर-कार रास्ते में ख़राब हो गई थी लेकिन उसे जल्दी दुरुस्त करा लिया गया।
2. आपका कहना दुरुस्त है।

दुर्गम (difficult)

पहाड़ी पर जाने वाला रास्ता दुर्गम है।

दुर्घटना (accident, mishap)

कार पलटने से हुई दुर्घटना में दो व्यक्ति मारे गए।

दुर्भाग्य (misfortune)

दुर्भाग्य से मेरा रेल टिकट रास्ते में खो गया और मुझे पचास रुपये जुर्माना देना पड़ा।

दुर्भाग्यवश (unfortunately)

दुर्भाग्यवश किसी ने अब तक इधर ध्यान ही नहीं दिया और उससे इतना नुकसान हो गया।

दुर्लभ (rare, scarce)

यह चित्र दुर्लभ है, इसे संग्रहालय में सुरक्षित रखा गया है।

दुर्व्यवहार (illtreatment)

सरकार को इस बात की शिकायत की गई है कि जेल में राजनीतिक बन्दियों के साथ दुर्व्यवहार हुआ।

दुहराना (to repeat)

मैं आप की बात सुन चुका हूं लेकिन आप वही बात बार-बार दुहरा रहे हैं।

दूत (envoy)

जर्मनी के दूत ने कल विदेश मंत्री से भेंट की।

दूना (double)

यदि आप अपना रुपया बैंक में जमा करें तो कुछ वर्ष बाद आपको उससे दूना मिल जाएगा।

दूर (distant)

दोनों नगर एक-दूसरे से बहुत दूर हैं।

दूरगामी (far-reaching)

आज जिन भूमि-सुधारों की घोषणा की गई है उनके दूरगामी लाभ होंगे।

दूरदर्शन (television)

यह कार्यक्रम दिल्ली दूरदर्शन केन्द्र ने प्रस्तुत किया है।

दूरदर्शिता (far sightedness)

स्वाधीनता मिलने के बाद देश में नये-नये कारख़ाने लगाने की योजना दूर-दर्शिता की बात थी।

दूरमुद्रक (teleprinter)

मैंने जो तार दिया वह दूरमुद्रक द्वारा कुछ मिनट में कलकत्ता पहुंच गया।

दूरसंचार (telecommunication)

सभी वड़े नगरों में दूरसंचार व्यवस्था काफी सुधर गई है।

दृढ़ कार्रवाई (firm action)

सरकार ने आश्वासन दिया है कि असामाजिक तत्त्वों के विरुद्ध दृढ़ कार्रवाई की जाएगी।

दृश्य (sight, scene, view)

1. दुर्घटना स्थल पर अनेक व्यक्ति घायल अवस्था में पड़े थे और उनका सामान बिखरा हुआ था। वह दृश्य बहुत ही दर्दनाक था।

2. समुद्र के किनारे का दृश्य बहुत सुन्दर था।

दृष्टांत (instance)

इस प्रकार का यह पहला मामला नहीं है, ऐसे अनेक दृष्टांत मौजूद हैं।

दृष्टि (vision, view, sight)

1. वह बहुत दूरदृष्टि वाला व्यक्ति है।

2. मेरा दृष्टिकोण आपसे बिलकुल अलग है।

3. वह मेरी दृष्टि से ओझल हो गया।

देखभाल (maintenance, to look after)

यदि आप इमारत की देखभाल ठीक तरह से करेंगे तो यह सौ साल तक भी ठीक रहेगी।

देखरेख (supervision)

यह कार्य मेरी देखरेख में हो रहा है।

देन (gift, contribution)

हिन्दी साहित्य में आचार्य महावीर प्रसाद द्विवेदी की बहुत बड़ी देन है।

देनदार (liable)

यह रुपया आपकी ज़मानत पर दिया जा रहा है यदि वसूल न हुआ तो आप देनदार होंगे।

देना (give, grant, award)

वीरता के उपलक्ष्य में अनेक सैनिकों को इनाम दिए गए हैं।

देय (payable)

इस चेक की राशि केवल उस व्यक्ति को देय है जिसके नाम चेक काटा गया है।

देयता (liability)

जब तक ऋण पूरी तरह नहीं चुकाया जाता तब तक आपकी देयता बनी रहेगी।

देसी (indigenous, native)

यह माल देसी है, विदेशों से आयात नहीं किया गया है।

देहावसान (death, demise)

प्रसिद्ध समाजसेवी श्री·········के देहावसान पर देश की सभी सांस्कृतिक संस्थाएं बन्द रहीं।

दैनिक (daily)

1. दिल्ली से कई दैनिक समाचारपत्र निकलते हैं।

2. दौरे पर आप जो भी काम करें कृपया उसकी दैनिक डायरी रखें और लौटने पर मुझे दिखा दें।

दैनिकी (diary)

मैं अपने दिन-भर के काम का विवरण दैनिकी में नोट कर लेता हूं।

दोनों (both)

आइए, हम दोनों सिनेमा चलते हैं।

दोष (fault, guilt, flaw)

1. इसमें मेरा कोई दोष नहीं है, जो भी कार्रवाई की गई है उच्च अधिकारियों के आदेश से की गई है।

2. अभियुक्त ने दोष स्वीकार नहीं किया ।

3. इस मशीन में कई दोष हैं ।

दोषी (guilty)

इस मामले की पूरी तरह जांच की गई है और दोषी व्यक्तियों को दण्ड दिया गया है ।

दोहराना (to repeat)

मैं फिर से यह बात दोहराए देता हूं कि आपको कल सुबह सात बजे स्टेशन पर पहुंच जाना चाहिए ।

दौर (stage, phase)

यह मामला नाज़ुक दौर से गुज़र रहा है ।

दौरा (tour)

मंत्री जी का दौरा कल सवेरे आरम्भ होगा ।

दौरान (during)

यात्रा के दौरान अपने सामान को सम्भालकर रखना ज़रूरी है ।

दृष्टिकोण (out look, point of view)

1. हमें सदा उदार दृष्टिकोण रखना चाहिए ।

2. यदि किसी मामले पर हमारा दृष्टिकोण भिन्न भी हो, तब भी दूसरे व्यक्ति को ग़लत नहीं समंझना चाहिए ।

द्रुत (fast)

राजधानी एक्सप्रेस द्रुत गति से जाती है ।

द्वारा (through)

इस पत्र के द्वारा आपको सूचना दी जाती है कि···।

द्वितीय (second)

वह अपनी कक्षा में द्वितीय रहा ।

द्विपक्षीय (bilateral)

भारत और कनाडा के बीच हुए द्विपक्षीय क़रार के अनुसार भारत कनाडा को इस्पात भेजेगा और कनाडा भारत को रासायनिक पदार्थ ।

द्विभाषी (bilingual)

भारत सरकार के सभी सामान्य आदेश द्विभाषी रूप में जारी किए जाने हैं ।

द्विवार्षिक (biennial-bi-annual)

हमारी संस्था का द्विवार्षिक अधिवेशन अगले वर्ष होगा ।

धंधा (work, business)

विद्यार्थियों को पढ़ाई समाप्त करने के बाद काम-धन्धे की चिंता होने लगती

है ।

धकेलना (to push)

विशिष्ट अतिथि के आने पर भीड़ हो गई और पुलिस को उन्हें पीछे धकेलना पड़ा ।

धन (money)

बड़े उद्योग को आरम्भ करने के लिए काफ़ी धन की आवश्यकता पड़ेगी ।

धन्यवाद (thanks)

आपने यहां पधारने का कष्ट किया इसके लिए आपका धन्यवाद ।

धब्बा (blot, blemish)

हमें ऐसा कोई काम नहीं करना चाहिए जिससे देश के नाम पर धब्बा लगे ।

धमकाना (to threaten)

उसने डरा-धमकाकर अपना काम करा लिया ।

धर्म (religion, duty)

1. नौकरियों में भर्ती के लिए धर्म के आधार पर कोई भेदभाव नहीं किया जाता ।

2. राष्ट्र की सेवा करना हम सबका धर्म है ।

धर्म-निरपेक्ष (secular)

भारत का सारा प्रशासनिक कार्य धर्म-निरपेक्षता के आधार पर चलाया जाता है ।

धर्मार्थ (charitable)

यह धर्मार्थ अस्पताल है, यहां रोगियों की चिकित्सा निःशुल्क की जाती है ।

धाक (sway, awe)

इस बार भारतीय हाकी टीम ने इतना अच्छा खेल खेला कि उसने विदेशों में अपनी धाक जमा ली ।

धारणा (assumption)

यह खर्च इस धारणा के आधार पर किया जा रहा है कि हमारा विभाग मंजूरी दे देगा ।

धारा (section)

राजभाषा अधिनियम की धारा 3 (3) के अनुसार केन्द्रीय सरकार की गज़ट अधिसूचनाएं और सामान्य आदेश आदि हिन्दी तथा अंग्रेज़ी दोनों ही भाषाओं में निकलने चाहिएं ।

धावा (attack, raid)

भारतीय सेना ने इस ज़ोर से धावा किया कि शत्रु सेना के छक्के छूट

गए ।

धीरज (patience)

विपत्ति के समय धीरज रखना आवश्यक है ।

धीरे (slowly)

रोगी की हालत में धीरे-धीरे सुधार हो रहा है ।

धूम्रपान (smoking)

अधिक धूम्रपान स्वास्थ के लिए हानिकारक है ।

धैर्य (patience)

अध्यक्ष महोदय समारोह में देर से पहुंचे लेकिन उपस्थित जनसमूह उनकी धैर्यपूर्वक प्रतीक्षा करता रहा ।

धोखा (cheating, deceive)

पुलिस ने धोखा देने के अपराध में 4 व्यक्तियों को गिरफ़्तार किया ।

धृष्टता (impertinence)

उसके धृष्टतापूर्ण व्यवहार से सभी को आश्चर्य हुआ ।

ध्यान (attention)

नगर में बसों की व्यवस्था ठीक नहीं है इस बात की ओर परिवहन विभाग का ध्यान कई बार आर्कषित किया गया है ।

ध्यानपूर्वक (carefully)

इस मामले पर ध्यानपूर्वक विचार करके यह निर्णय किया गया है कि···।

ध्यानाकर्षण प्रस्ताव (call attention motion)

हाल ही में हरिजनों के प्रति दुर्व्यवहार की जो घटनाएं हुई हैं उनके सम्बन्ध में कुछ संसद सदस्यों ने ध्यानाकर्षण प्रस्ताव प्रस्तुत किया है, उस पर संसद में कल चर्चा होगी ।

ध्वंस (destruction)

तुर्की में भूकम्प से काफ़ी मकान ध्वंस हो गए ।

ध्वज (flag)

15 अगस्त और 26 जनवरी को सरकारी इमारतों के अलावा निजी इमारतों पर भी राष्ट्रीय ध्वज फहराया जा सकता है ।

ध्वजारोहण (flag hoisting)

स्वतन्त्रता दिवस पर प्रधानमंत्री जी लाल किले पर ध्वजारोहण करते हैं ।

नयी (new)

पुरानी योजनाओं में जो कमियां थीं उन पर विचार करने के बाद नयी योजना तैयार कर ली गई है ।

नक़द (cash)

इस महीने का वेतन मैंने चेक द्वारा न लेकर नक़द प्राप्त किया है।

नक़ल (copy)

1. परीक्षा हाल में कई व्यक्ति नक़ल करते पकड़े गए।

2. आपका पिछला पत्र शायद यहां प्राप्त नहीं हुआ है कृपया उसकी नक़ल भेज दीजिए।

नकारात्मक (negative)

1. कुछ व्यक्तियों का रवैया सदा नकारात्मक रहता है।

2. पत्र का उत्तर नकारात्मक प्राप्त हुआ है।

नक्शा (map, plan)

1. भारत के भौगोलिक नक़्शे की एक प्रति मेरे उपयोग के लिए भेज दीजिए।

2. स्कूल की इमारत का नक्शा बनवा लिया गया है, आप भी कृपया इसे देख लें।

नगण्य (insignificant)

आप काफ़ी लम्बी यात्रा करने वाले हैं इसलिए अपनी सीट पहले से रिज़र्व करा लीजिए, रिज़र्वेशन पर खर्च नगण्य होगा।

नगर-निगम (municipal corporation)

दिल्ली नगर-निगम ने अगले सप्ताह सफ़ाई अभियान चलाने का निश्चय किया है।

नगरपालिका (municipal committee)

इस वर्ष नगरपालिका कई और प्राथमिक विद्यालय खोल रही है।

नगर प्रतिकर भत्ता (city compensatory allowance)

जिन नगरों की आबादी बहुत अधिक है वहां सरकारी कर्मचारियों को नगर प्रतिकर भत्ता भी मिलता है।

नटखट (naughty)

वह नटखट स्वभाव का है और हमेशा शैतानी करता रहता है।

नत्थी (attached, annexed)

कमेटी की रिपोर्ट की एक प्रति इसके साथ नत्थी है।

नदारद (disappeared)

एक अनजान व्यक्ति ने मेरे जरूरी कागज चुरा लिये और उन्हें लेकर वह नदारद हो गया।

नमूना (sample)

हमें चपरासियों की वर्दी बनवाने के लिए कपड़ा ख़रीदना है। कृपया कुछ

नमूने भेज दीजिए।

नमूना हस्ताक्षर (specimen signature)

आपने बैंक को जो नमूना हस्ताक्षर दिए हैं उस जैसे हस्ताक्षर ही चेक पर करें तभी आपको भुगतान मिल सकेगा।

नम्र (polite)

कार्यालय में जो भी व्यक्ति आए उसके साथ नम्र व्यवहार होना चाहिए।

नयाचार (protocol)

विदेश से आने वाले विशिष्ट व्यक्तियों के स्वागत के समय नयाचार का विशेष ध्यान रखा जाता है।

नरम (gentle)

उसका स्वभाव बड़ा नरम है इसलिए उसकी सबसे पटती है।

नरमी (leniency)

उसने ग़लती अवश्य की है किन्तु इसमें उसका कोई बुरा इरादा नहीं था। इसलिए विभाग ने उसके प्रति नरमी बरतने का निश्चय किया है।

नलकूप (tubewell)

गांवों में सिंचाई के लिए कई सौ नलकूप लगाए गए हैं।

नवीकरण (renewal)

इस मशीन के अनेक पुर्जे ठीक काम नहीं कर रहे हैं, अतः मशीन के नवीकरण की योजना बनाई जा रही है।

नष्ट (destroyed)

आग लग जाने से सारा रिकार्ड नष्ट हो गया है।

नागर विमानन (civil aviation)

नागर विमानन विभाग ने हवाई अड्डों की व्यवस्था सुधारने के लिए कई क़दम उठाए हैं।

नाजुक (delicate)

दोनों दल शक्ति परीक्षा पर तुले हुए हैं, इससे नाजुक स्थिति पैदा हो गई है।

नाता (relation)

भारत का अब कई देशों के साथ मित्रता का नाता है।

नाते, के (by virtue of)

विभाग के अध्यक्ष के नाते उन्होंने इस ख़र्च की मंजूरी दे दी है।

नाबालिग (minor, i. e. one who is not adult)

अब बैंक में नाबालिग की ओर से भी खाता खोला जा सकता है।

नामंजूर (rejected, refused)

उसने छुट्टी के लिए अर्जी दी थी, वह नामंजूर कर दी गई है।

नामज़दगी (nomination)

चुनाव के लिए अनेक उम्मीदवारों ने नामज़दगी पत्र भरे हैं।

नाम-मात्र (nominal)

कॉलिज में ग़रीब विद्यार्थियों से नाम-मात्र की फ़ीस ली जाती है।

नामांकन (nomination)

इस पद के चुनाव के लिए चार व्यक्तियों ने नामांकन पत्र भरे हैं।

नामांतरण (mutation)

यह ज़मीन मैंने ख़रीद ली है अतः रिकार्ड में आवश्यक नामांतरण करा रहा हूं।

नामित (nominated)

इस कमेटी के दो सदस्य राज्य सरकार द्वारा नामित किए गए हैं।

नामे डालना (to debit)

इस इमारत को बनवाने पर जो भी खर्च होगा वह बजट शीर्ष सं०...में नामे डाला जाएगा।

निंदनीय (condemnable)

कल के समारोह में उसका व्यवहार निंदनीय था।

निकट (near, close)

1. रेलवे स्टेशन कार्यालय के निकट ही है।

2. वह हमारे निकट सम्बन्धी हैं।

निकम्मा (indolent, useless)

1. ख़ाली बैठे रहने से व्यक्ति निकम्मा हो जाता है।

2. इस मशीन में ज़ंग लग चुका है, अब यह निकम्मी पड़ी है।

निकलना (to get out)

भीड़ में बुरी तरह से फंस गए थे, बड़ी मुश्किल से बच निकले।

निकाय (body)

नगर में सफ़ाई और प्राथमिक शिक्षा की ज़िम्मेदारी स्वायत्त निकायों को सौंपी गई है।

निकालना (take out, bring out)

1. गोदाम से आज एक सौ क्विंटल गेहूं निकाला गया।

2. इस समाचारपत्र ने अपना एक संस्करण चण्डीगढ़ से भी निकालना आरम्भ किया है।

निकासी (withdrawal)

भविष्य निधि में से धनराशि की निकासी केवल विशेष प्रयोजनों के लिए ही सम्भव है, अन्यथा उसका रुपया रिटायर होने पर ही मिल सकता है ।

निगम (corporation)

भारत सरकार और राज्य सरकारों ने कई कामों के लिए निगमों की स्थापना की है ।

निजी (private, personal)

1. मैं यह बात निजी रूप से रख रहा हूं, सरकारी तौर पर नहीं ।

2. यह मेरा निजी काम है, सरकारी नहीं ।

निजी सचिव (private secretary)

मंत्री जी के निजी सचिव ने दौरा कार्यक्रम की प्रति सभी राज्य सरकारों को भेज दी है ।

निडर (fearless)

ईमानदार कर्मचारी अपना कर्तव्य निडरतापूर्वक करते हैं ।

नितांत (absolute)

कांफ्रेंस आरंभ होने में केवल एक सप्ताह बाक़ी रह गया है इसलिए यह नितांत आवश्यक है कि इसके सारे प्रबंध जल्दी ही पूरे कर दिए जाएं।

नित्य (every day)

आकाशवाणी से नित्य शाम को प्रादेशिक समाचारों का प्रसारण किया जाता है ।

निदेश (directive, direction)

सभी कार्यालयों को यह निदेश दिए गए हैं कि वे सभी मदों में ख़र्च की किफ़ायत करें ।

निदेशक (director)

प्रशासन निदेशक ने अपने निरीक्षण के समय देखा कि कई कर्मचारी अपनी सीट पर नहीं थे ।

निदेशालय (directorate)

शिक्षा निदेशालय अध्यापकों के वेतनमान सुधारने के बारे में विचार कर रहा है ।

निधि (fund)

मेरे भविष्य निधि खाते में अब चार हज़ार रुपये से अधिक जमा हो चुका है ।

निपटान (disposal)

बाहर जाने वाले पत्रों का निपटान जल्दी किया जाना चाहिए ।

निपुण (skilful, dexterous)

वह व्यक्ति आशुलिपि में बहुत ही निपुण है ।

निभाना (to pull on, to carry on)

हमारे विभाग के दो लिपिक ठीक काम नहीं करते फिर भी हम उन्हें किसी न किसी तरह निभा रहे हैं ।

निमंत्रण (invitation)

अगले सप्ताह होने वाले समारोह के लिए निमंत्रण-पत्र भेजे जा रहे हैं ।

निमित्त, के (for, on behalf of)

किसी फ़र्म या संस्था की ओर से जब कोई प्राधिकृत व्यक्ति हस्ताक्षर करता है तो वह फ़र्म या संस्था के नाम के साथ 'के निमित्त' या 'कृते' लिखकर उसके नीचे अपने हस्ताक्षर करता है ।

निम्नलिखित (following, undermentioned)

वर्तमान परिस्थितियों के कारण निम्नलिखित हैं ।

निम्न श्रेणी लिपिक (lower division clerk)

काम का भार बढ़ जाने के कारण निम्न श्रेणी लिपिक के दो अतिरिक्त पद हाल ही में मंजूर हुए हैं ।

नियंत्रक (controller)

लेखा नियंत्रक ने मेरा बिल पास कर दिया है और चेक भेज दिया है ।

नियन्त्रण (control)

सीमेंट पर कई वर्षों से नियन्त्रण था । स्थिति में सुधार होने से अब नियंत्रण हटा लिया गया है ।

नियत (fixed)

अगली बैठक की तारीख अभी से नियत कर दी गई है ।

नियत तारीख (due date)

इस बिल का भुगतान प्राप्त करने के लिए आप नियत तारीख़ को इस कार्यालय में आ जाएं ।

नियतन (fixation)

मैंने जिस नये पद का कार्यभार संभाला है उसमें वेतन नियतन होने पर मुझे पंद्रह सौ रुपये मासिक वेतन मिलने लगेगा ।

नियत समय (scheduled time)

सम्मेलन की कार्रवाई नियत समय पर आरंभ हुई ।

नियम (rules)

नियमानुसार आपको मकान भत्ते के रूप में केवल साठ रुपये प्रतिमास मिल सकते हैं, इससे अधिक नहीं ।

नियमानुकूलन (regularisation)

उसकी नियुक्ति अभी तक तदर्थ आधार पर चल रही थी, अब उसका नियमानुकूलन हो गया है।

नियमानुसार (under the rules, according to rules)

नियमानुसार यह संभव नहीं है कि आपको इस अतिरिक्त काम के लिए कोई विशेष वेतन दिया जाए।

नियमावली (rules)

पेंशन नियमावली के अनुसार पेंशन की राशि अब बैंक के माध्यम से भी प्राप्त की जा सकती है।

नियमित (regular)

इन दोनों स्थानों के बीच बस की नियमित सेवा उपलब्ध है।

नियुक्ति (appointment)

परीक्षा में सफल होने पर उसकी नियुक्ति स्टेनोग्राफ़र के रूप में हो गई है।

नियुक्ति प्रस्ताव (offer of appointment)

विभाग की ओर से उन व्यक्तियों को नियुक्ति-प्रस्ताव भेजे जा रहे हैं जो पिछले सप्ताह ली गई परीक्षा में सफल हुए हैं।

नियोक्ता (employer)

नियोक्ताओं का यह कर्तव्य है कि अपने कर्मचारियों की सुख-सुविधाओं का ध्यान रखें जिससे वे कुशलतापूर्वक काम कर सकें।

निरक्षर (illiterate)

भारत की काफ़ी बड़ी जनसंख्या अभी भी निरक्षर है।

निरर्थक (meaningless)

यह पत्र कांफ्रेंस समाप्त होने के बाद प्राप्त हुआ है। इसमें भेजे गए प्रस्ताव अब निरर्थक हैं।

निरस्त (cancelled)

पायलटों की हड़ताल के कारण कई हवाई उड़ानें निरस्त कर दी गईं।

निरस्त्रीकरण (disarmament)

संयुक्त राष्ट्र संघ के माध्यम से इस बात के प्रयास होते रहे हैं कि निरस्त्रीकरण के सम्बन्ध में बड़े देशों का समझौता हो जाए। लेकिन वे प्रयत्न अभी तक सफल नहीं हुए हैं।

निराकरण (solution)

इस समस्या का अभी भी निराकरण नहीं हो पाया है।

निरादर (disrespect)

राष्ट्रीय ध्वज का निरादर कोई भी नागरिक सहन नहीं करेगा।

निराधार (baseless)

शहर में गोली चलने की अफ़वाह निराधार है।

निरामिष (vegetarian)

रेलवे स्टेशनों पर निरामिष भोजन की व्यवस्था अलग रहती है और सामिष (non-vegetarian) के लिए अलग।

निराशा (disappointment)

यह जानकर बड़ी निराशा हुई कि परीक्षा में आपको अधिक अंक नहीं मिले।

निरीक्षक (inspector)

पुलिस निरीक्षक ने इस मामले की तहकीकात करके उन व्यक्तियों का पता लगा लिया जिन्होंने मोटर साइकिल चुराई थी।

निरीक्षण (inspection)

निरीक्षण के दौरान यह देखा गया कि अब काम का निपटान पहले की अपेक्षा अधिक तेज़ी से होने लगा है।

निरुत्तर (silenced)

मामले के संबंध में मंत्री महोदय ने जो तथ्य संसद में रखे उसके कारण विरोधी पक्ष के सदस्य निरुत्तर हो गए।

निरुद्देश्य (aimless)

निरुद्देश्य काम करने का कोई लाभ नहीं होगा, जो भी काम करें पहले सोच लीजिए कि उससे क्या लक्ष्य प्राप्त करना है।

निर्गत (issued)

प्रेषण अनुभाग द्वारा निर्गत पत्रों का रिकार्ड एक अलग रजिस्टर में रखा जाता है।

निर्गम रजिस्टर (issue register)

निर्गम रजिस्टर के अनुसार पिछले महीने 400 पत्र बाहर भेजे गए।

निर्णय (decision, judgement)

1. सरकार ने निर्णय किया है कि रिटायर होते समय सरकारी कर्मचारियों की जितनी अर्जित छुट्टी बाक़ी है उन्हें उसके बदले एक नियत राशि का नक़द भुगतान कर दिया जाए।

2. हाई कोर्ट के कई जजों ने अपने निर्णय हिन्दी में भी लिखने आरम्भ कर दिए हैं।

निर्णायक (judge, decisive/casting)

1. खेल प्रतियोगिता में तीन व्यक्ति निर्णायक के रूप में रहेंगे।

2. प्रस्ताव के पक्ष और विपक्ष में बराबर मत थे इसलिए अध्यक्ष को अपने

निर्णायक मत का इस्तेमाल करना पड़ा।

निर्दयी (cruel)

स्वाधीनता से पूर्व जब देशी रियासतें थीं तो उनके कुछ शासक निर्दयी होते थे, लेकिन कई प्रगतिशील विचारों के भी थे।

निर्दिष्ट (specified)

कई कार्यालयों में कुछ काम विशेष रूप से निर्दिष्ट कर दिए हैं जो भारतीय भाषाओं में ही किए जाने हैं।

निदेशिका (directory)

टेलीफ़ोन निदेशिका अब हिंदी तथा अन्य भारतीय भाषाओं में भी प्रकाशित होने लगी है।

निर्देश (reference)

कृपया निर्देश के लिए हमारा तारीख़ ··· का पत्र संख्या ··· देखिए।

निर्दोष (innocent, not guilty)

जांच अधिकारी इस नतीजे पर पहुंचे कि वह व्यक्ति निर्दोष है।

निर्धारण (assessment)

इस वर्ष का कर-निर्धारण हो चुका है और मुझसे छः सौ रुपये आयकर देने की मांग की गई है।

निर्भय (fearless)

सत्य बोलने वाला व्यक्ति अपनी बात निर्भयतापूर्वक कह सकता है।

निर्भर (dependent)

भारत में अच्छी फ़सल का होना बहुत कुछ मानसून पर निर्भर है।

निर्माण (construction, works)

1. इस मंत्रालय के पास जगह की बहुत कमी है, इसके कार्यालयों के लिए एक नये भवन का निर्माण किया जा रहा है।

2. निर्माण तथा आवास मंत्रालय ने गरीबों के लिए मकान बनवाने की योजना बनाई है।

निर्माणी (factory)

इस निर्माणी में विविध प्रकार का सामान बनाया जा रहा है।

निर्मूल (unfounded)

आपकी यह धारणा निर्मूल है कि इस पद के लिए आपके नाम पर विचार ही नहीं किया गया।

निर्यात (export)

भारत का निर्यात प्रतिवर्ष बढ़ता जा रहा है।

निर्वासित (expelled)

राष्ट्र-विरोधी कार्रवाई के लिए उसे निर्वासित किया जा रहा है।

निर्वचन (interpretation)

इन नियमों के अधिकृत निर्वचन के लिए वित्त मंत्रालय और विधि मंत्रालय से सलाह लेनी पड़ेगी।

निर्वाचन (election)

आम निर्वाचन मार्च महीने में होंगे, उनकी तैयारी आरम्भ कर दी गई है।

निर्वाह (subsistence)

गांव के अनेक मज़दूरों को सारे दिन काम करने पर भी जीवन-निर्वाह के योग्य मज़दूरी भी नहीं मिलती।

निर्विरोध (unopposed)

देश की अधिकांश सीटों पर विभिन्न दलों का काफ़ी कड़ा मुक़ाबला रहा लेकिन दो व्यक्ति निर्विरोध ही चुन लिये गए।

निर्विवाद (indisputable)

यह निर्विवाद है कि उत्पादन बढ़ाने से ही देश खुशहाल हो सकेगा, केवल नारे लगाने से कुछ नहीं बनेगा।

निलंबन (suspension)

उसके विरुद्ध निलंबन आदेश जारी करते ही विभागीय जांच भी शुरू कर दी गई है।

निवल राशि (net amount)

बिल की कुल राशि 335 रुपये है, इसमें से खर्च आदि काटकर 325 रुपये की निवल राशि प्राप्त हो गई है।

निवारक (preventive)

शहर में तनावपूर्ण स्थिति थी इस कारण पुलिस ने 40 गुंडों को निवारक उपाय के रूप में हिरासत में ले लिया।

निवास (residence)

ज़िला मजिस्ट्रेट इस समय अपने निवास स्थान पर ही मिल सकेंगे।

निविदा (tender)

जो सरकारी क्वार्टर बनने हैं उनके संबंध में निविदाएं मंगाई गई हैं।

निवृत्ति (retirement)

मैं दो महीने की निवृत्ति पूर्व छुट्टी (leave preparatory to retissement) ले रहा हूं।

निवृत्ति-लाभ (retirement benefits)

सेवा से रिटायर होने वाले व्यक्तियों को अब अधिक निवृत्ति-लाभ मिलने

लगे हैं।

निवेदन (submission)

निवेदन है कि मैं दो दिन के लिए बाहर जाना चाहता हूं।

निशान (mark)

इस मसौदे में जो ठीक नहीं हैं उन पर मैंने निशान लगा दिए हैं।

निषिद्ध (prohibited)

अनुमति के बिना प्रवेश निषिद्ध है।

निश्चित (definite, decided, earmark)

1. यह बात बिल्कुल निश्चित है कि एक जनवरी से कपड़े पर से कण्ट्रोल हटा दिया जाएगा।

2. कल की बैठक में यह निश्चित किया गया कि कर्मचारियों के रिटायर होने की आयु 58 वर्ष ही रहने दी जाएगी।

3. सरकार ने 50 लाख रुपये की राशि असम के बाढ़-पीड़ितों की सहायता के लिए निश्चित कर दी है।

निषेध (ban, prohibition)

जिला मजिस्ट्रेट ने निषेधाज्ञा जारी करके संसद के आस-पास पांच से अधिक व्यक्तियों के एक जगह इकट्ठा होने पर प्रतिबन्ध लगा दिया है।

निषेधाधिकार (veto)

संयुक्त राष्ट्र संघ में पांच राष्ट्रों को जो निषेधाधिकार प्राप्त है, उसके अनुसार वे सुरक्षा परिषद के किसी भी महत्त्वपूर्ण प्रस्ताव को कार्यान्वित होने से रोक सकते हैं।

निष्कर्ष (conclusion)

काफ़ी जांच के बाद हम इस निष्कर्ष पर पहुंचे हैं कि इमारत में आग बिजली की खराबी के कारण लगी, इसमें किसी की जान-बूझकर शरारत नहीं थी।

निष्कासन (expulsion)

अनुशासन भंग करने के आरोप में............दल की कार्यसमिति ने पांच सदस्यों का दल से निष्कासन कर दिया।

निष्क्रान्त (evacuee)

देश के विभाजन के समय भारत से अनेक व्यक्ति पाकिस्तान चले गए। तब निष्क्रान्त व्यक्तियों की जायदाद का प्रबन्ध कस्टोडियन द्वारा किया जाने लगा।

निष्क्रिय (inactive)

साहित्यिक तथा सांस्कृतिक संस्थाओं का लाभ तभी है जब वे निष्क्रिय न रहें और समय-समय पर अपने कार्यक्रम करती रहें।

निष्ठा (allegiance, devotion)

1. विधान मंडल तथा संसद के सदस्यों को सभा की कार्रवाई में भाग लेने से पूर्व संविधान के प्रति निष्ठा की शपथ लेनी पड़ती है।

2. वह अपना कार्य निष्ठापूर्वक कर रहा है ।

निष्णात (expert)

वह डॉक्टर हृदय की सर्जरी में निष्णात है ।

निष्पक्ष (impartial, unprejudiced)

हमें विश्वास है कि इस मामले की जांच निष्पक्ष रूप से होगी और अपराधियों के विरुद्ध शीघ्र उचित कार्रवाई की जाएगी ।

निष्पक्षता (impartiality)

उसकी निष्पक्षता में कोई सन्देह नहीं है।

निष्पादन (execution)

कार्य के निष्पादन के सम्बन्ध में कृपया अपनी रिपोर्ट नियमित रूप से भेजते रहें।

निःशुल्क (free of cost/charge)

ग़रीब विद्यार्थियों को किताब और कापियां निःशुल्क दी जाएंगी।

निःसन्देह (undoubtedly)

नये कर्मचारी के काम में निःसन्देह लगातार सुधार हो रहा है तथा आगे और सुधार की आशा है।

निःसंवर्ग (ex-cadre)

तकनीकी सहायक का पद केन्द्रीय सचिवालय सेवा का पद नहीं है, यह निःसंवर्ग पद है।

निस्संकोच (without hesitation)

मैंने नये कर्मचारी का काम कुछ सप्ताह ही देखा है। मैं निस्संकोच कह सकता हूं कि उसका काम बहुत उत्तम है।

निस्सहाय (helpless)

निस्सहाय व्यक्ति की सहायता करना हम सभी का नैतिक कर्तव्य है ।

निहित (implied, vested)

1. इस आदेश में यह बात निहित है कि जिन व्यक्तियों को सरकारी मकान नहीं मिला है, उन्हें एक निश्चित राशि तक मकान किराया-भत्ता भी मिल सकेगा ।

2. निहित स्वार्थों (vested interests) को समाप्त करने के लिए सरकार ने कुछ क़दम उठाए हैं।

नींव (foundation)

अस्पताल के लिए नयी इमारत की नींव अगले सप्ताह रखी जाएगी।

नीचे (below, under)

1. इस मामले से सम्बन्धित अन्य काग़ज़ात नीचे रखी फ़ाइल में लगे हैं।

2. भूकम्प आने से जो मकान गिरे, उनके नीचे अनेक लोग दब गए।

नीति (policy)

वर्तमान नीति के अनुसार इस प्रकार का सामान विदेशों से मंगाने के लिए लाइसेंस देना सम्भव नहीं है।

नीलाम (auction)

इस फालतू सामान को नीलाम द्वारा बेच दिया जाएगा।

नेता (leader)

विरोधी दल के नेता ने इस वर्ष लगाए गए नये करों की कड़ी आलोचना की है।

नेतृत्व (leadership)

देश का नेतृत्व अच्छा हो तो आपत्तियों का सामना धैर्यपूर्वक तथा आसानी से किया जा सकता है।

नेमी (routine)

किसी-किसी कार्यालय में नेमी कार्य भी प्रतिदिन नहीं निपटाया जाता और काग़ज़ जमा हो जाने से महत्त्वपूर्ण मामले भी दबे रह जाते हैं।

नैतिक (moral)

मुसीबत में पड़े लोगों की सहायता करना हम सबका कर्तव्य है।

नौकर (servant)

सरकारी नौकर बिना अनुमति लिये किसी अन्य जगह पैसा लेकर कोई काम नहीं कर सकते।

नौकरी (service)

उसे अब बहुत अच्छी नौकरी मिल गई है।

नौ-सेना (navy)

भारतीय नौ-सेना ने आधुनिक शस्त्रों से युक्त कई नये जहाज ख़रीदे हैं।

न्याय (justice)

जिस गांव वालों के साथ मार-पीट हुई है, उन्होंने ज़िला मजिस्ट्रेट से प्रार्थना की है कि उनके प्रति न्याय किया जाए।

न्यायपालिका (judiciary)

इस बात का ध्यान रखा जाता है कि न्यायपालिका पर किसी का कोई दबाव न हो और वह स्वतन्त्र रूप से निष्पक्ष काम कर सके।

न्यायाधीश (judge)

कई न्यायाधीश अब अपने निर्णय भारतीय भाषाओं में लिखने लगे हैं।

न्यायालय (court)

इस मामले की अपील उच्च न्यायालय में दायर की जा रही है।

न्यास (trust)

उसने अपनी सम्पत्ति का एक न्यास (ट्रस्ट) बना दिया है, जिसकी आमदनी से ग़रीब छात्रों को छात्रवृत्तियां दी जाएंगी।

न्यासी (trustee)

मुझे भी इस ट्रस्ट का न्यासी बनाया गया है।

न्यूनतम (minimum)

सरकार ने न्यूनतम मजदूरी की दर पांच रुपये प्रतिदिन तय की है।

पंक्ति (line)

1. पृष्ठ 5 की चौथी पंक्ति में कई अशुद्धियां हैं।
2. रेलवे स्टेशन पर टिकट लेने के लिए कृपया पंक्ति में खड़े हों।

पंचांग वर्ष (calender year)

इस मद पर जो खर्च हुआ है उसका विवरण इस पंचांग वर्ष के लिए मांगा गया है, वित्तीय वर्ष के सम्बन्ध में नहीं।

पंचाट (award)

यह विवाद काफ़ी समय से चल रहा था, इस पर ट्रिब्यूनल ने अब अपना पंचाट दे दिया है।

पंचायती (belonging to the community)

यह सामान पंचायती है, विवाह-शादी के अवसर पर इसे गांव के सभी निवासी काम में ला सकते हैं।

पंजी (register)

यह विवरण पंजी में दर्ज कर लिया गया है।

पंजीकृत (registered)

कार्यालय के लिए जो सामान ख़रीदा जाना है उसके लिए सभी पंजीकृत फ़र्मों से टेंडर मंगाए जा रहे हैं।

पंजीयक (registrar)

कम्पनी पंजीयक के कार्यालय से नोटिस आया है कि कम्पनी की पिछले वर्ष की रिपोर्ट की प्रति उन्हें एक सप्ताह में अवश्य भेज दी जाए।

पकड़ (to hold, to get hold)

1. मैंने यह पुस्तक हाथ में पकड़ रखी है।
2. पुलिस ने कल दो चोर पकड़ लिये।

पक्का (firm, strong)

1. वह अपने वायदे का पक्का है।

2. मेरा पक्का इरादा है कि इस काम को एक सप्ताह में अवश्य पूरा कर लूंगा।

पक्ष (party, side, favour, wing, fortnight)

1. संसद में सरकार के विरोधी पक्ष को भी अपनी बात रखने का पूरा अधिकार है।

2. वह दूसरे पक्ष का व्यक्ति है, हमारी बात का समर्थन नहीं करेगा।

3. इस मामले का निर्णय हमारे पक्ष में होने की आशा है।

4. हमारे मंत्रालय का आर्थिक पक्ष इस प्रस्ताव का समर्थन नहीं कर रहा है।

5. वह पत्रिका पाक्षिक है।

पक्षपात (favouritism, partiality)

न्यायाधीश ने अपना निर्णय बिना किसी पक्षपात के दिया है।

पक्ष-विपक्ष (pros and cons)

किसी भी महत्त्वपूर्ण प्रस्ताव पर अन्तिम निर्णय लेने से पहले उसके पक्ष-विपक्ष पर गंभीरतापूर्वक विचार करना जरूरी है।

पग (step)

1. इस योजना को निश्चित समय में पूरा करने के लिए प्रभावी पग उठाए जाने चाहिए।

2. पग-पग पर अनेक कठिनाइयां सामने आईं, फिर भी काम पूरा हो गया।

पगार (wages)

महंगाई बढ़ने से थोड़ी पगार पाने वालों की मुश्किलें और बढ़ जाती हैं।

पट्टा (lease)

मैंने अपना मकान बनवाने के लिए जमीन पट्टे पर ली है।

पठनीय (worth reading)

यह पुस्तक एक प्रसिद्ध लेखक द्वारा लिखी गई है, सचमुच पठनीय है।

पड़ताल करना (checking)

पड़ताल करने पर हिसाब में अनेक गलतियां मिलीं।

पणन (marketing)

किसानों को अधिक उपज का लाभ तभी मिल सकेगा जब उनके पणन का ठीक प्रबन्ध हो।

पतन (fall, downfall)

1. आज विधान सभा में विरोधी पक्ष की उपस्थिति अधिक थी, इसलिए बजट पास न हो सका और सरकार का पतन हो गया।

2. घूसख़ोरी मनुष्य के पतन का लक्षण है।

पताका (flag)

इस विषय से सम्बन्धित पहली फ़ाइल नीचे पताका 'क' पर रखी है।

पत्तन (port)

बन्दरगाह पर जहाज़ों के आने-जाने की व्यवस्था पत्तन अधिकारी देखते हैं।

पत्र (letter, paper)

1. आपका पत्र मुझे मिल गया है। मैं उस पर कार्रवाई कर रहा हूं।

2. समाचारपत्रों में कल की सभा की विस्तृत रिपोर्ट प्रकाशित हुई है।

पत्रकार (journalist)

ठीक समाचार देकर पत्रकार देश की महत्त्वपूर्ण सेवा करते हैं।

पत्रकार सम्मेलन (press conference)

प्रधानमंत्री जी ने कल पत्रकार सम्मेलन में सरकार की नयी आर्थिक नीति पर विस्तार से प्रकाश डाला।

पत्र-व्यवहार (correspondence)

इस मामले पर दोनों देशों की सरकारों के बीच जो पत्र-व्यवहार हुआ था वह कल प्रकाशित कर दिया गया।

पत्राचार (correspondence)

अब सरकारी कार्यालयों में काफ़ी पत्राचार हिन्दी में होने लगा है।

पथ (way, path)

नई दिल्ली में राजपथ के दोनों ओर खुला मैदान है तथा जनपथ के पास कई महत्त्वपूर्ण कार्यालय हैं।

पथ-प्रदर्शन (guidance)

आशा है आप इस काम में हमारा पथ-प्रदर्शन करेंगे।

पद (post)

प्रशासनिक व्यय कम करने के उद्देश्य से सरकार ने निश्चय किया है कि भविष्य में कोई भी नया पद मंत्रिमंडल की अनुमति के बिना न बनाया जाए।

पदक (medal)

वीरता दिखाने वाले सैनिकों को तथा पुलिस के जवानों को पदक दिए जाते हैं।

पदक्रम (grade, gradation)

अनुभाग अधिकारियों तथा अवर सचिवों की पदक्रम सूची हाल ही में

प्रकाशित हुई है।

पदधारी (incumbent)

इस पद के पदधारी का कार्यकाल चार महीने बाद समाप्त हो जाएगा।

पदनाम (designation)

इस पद का पदनाम डिप्टी कंट्रोलर से बदलकर डिप्टी डाइरेक्टर कर दिया गया है।

पदाधिकारी (office bearer)

अधिकांश संस्थाएं अपने पदाधिकारियों का चुनाव प्रतिवर्ष करती हैं।

पदावधि (term of office)

इस कार्यालय के अध्यक्ष (head of office) की पदावधि आम तौर से तीन साल होती है।

पदावनति (demotion)

अनुशासनिक कार्रवाई के फलस्वरूप उसकी पदावनति कर दी गई है। पहले वह अवर सचिव पद पर था, अब अनुभाग अधिकारी है।

पदीय हैसियत (official capacity)

श्री.............. ने यह दौरा अपनी पदीय हैसियत से किया, निजी तौर से नहीं।

पदेन (ex-officio)

इस समिति में............विभाग के निदेशक पदेन सदस्य रहेंगे।

पदोन्नति (promotiom)

1. भर्ती नियमों के अनुसार ये पद 50% सीधी भर्ती द्वारा और 50% पदोन्नति से भरे जाते हैं।

2. पदोन्नति होने पर हमारी हार्दिक बधाई स्वीकार करें।

पद्धति (system, procedure)

यदि काम करने की पद्धति ठीक हो, तो कम समय में अधिक काम हो पाता है।

पन्ना (folio, page)

कृपया पन्ना पलटिए।

परतंत्र (slave, dependent)

अफ्रीका के अनेक देश सदियों तक परतंत्र रहे, अब अधिकांश स्वाधीन हो चुके हैं।

परन्तुक (proviso)

इस नियम का परन्तुक भी देखिए जिसके अनुसार सरकार को विशेष परि-स्थिति में नियमों में ढील कर देने का अधिकार है।

परम अग्रता (top priority)

इस मामले में शीघ्र कार्रवाई करना ज़रूरी है। इसलिए इसे कृपया 'परम अग्रता' प्रदान करें।

परम आवश्यक (absolutely necessary)

कल की बैठक बहुत महत्त्वपूर्ण है। इसमें आपका शामिल होना परम आवश्यक है।

परम गोपनीय (top secret)

यह मामला परम गोपनीय है, अतः इस बारे में कोई सूचना अनधिकृत (unauthorised) व्यक्ति को नहीं दी जा सकती।

परम श्रेष्ठ (His Excellency)

............देश के राजदूत परम श्रेष्ठ श्री............ने कल भारत के राष्ट्रपति को अपना प्रत्यय पत्र (credentials) प्रस्तुत किया।

परमाणु ऊर्जा (atomic energy)

परमाणु ऊर्जा विभाग का प्रधान कार्यालय बम्बई में है।

परस्पर (mutual)

दोनों पक्षों का परस्पर समझौता हो जाने से अब यह विवाद समाप्त हो गया है।

परामर्श (advice)

विधि मंत्रालय से परामर्श करके ही ये नियम बनाए गए हैं।

परामर्शदाता (adviser)

बड़ी फ़र्मं महत्त्वपूर्ण कामों में अपने विधि परामर्शदाता (या सलाहकार) से अवश्य सलाह ले लेती हैं।

परावर्तन (reversion)

उनकी पदोन्नति दो महीने के लिए तदर्थ (ad hoc) आधार पर हुई थी। अब उनका परावर्तन अपने मूल पद पर हो गया है।

परास्त (defeated)

इस निर्वाचन क्षेत्र से जो सज्जन पिछले कई वर्ष से विधान सभा के सदस्य चुने जा रहे थे, वही दो महीने पूर्व हुए निर्वाचन में परास्त हो गए।

परिचय (introduction)

सभा की कार्रवाई शुरू होने से पहले सभी प्रतिनिधियों का आपस में परिचय करा दिया गया।

परिचर (attendant)

पहले कुछ अधिकारियों को सरकारी काम से रेल-यात्रा करते समय अपने साथ परिवार ले जाने की अनुमति होती थी। अब ऐसी अनुमति नहीं है।

परिचालित (circulated)

विभाग ने इन आदेशों को अपने सभी अधीनस्थ कार्यालयों में परिचालित कर दिया है।

परिचित (familiar, acquainted)

सरकारी कर्मचारियों के लिए अपने विभाग के नियमों से परिचित होना बहुत ज़रूरी है, वरना वे अपना लाभ ठीक रूप से नहीं कर पाएंगे।

परिणाम (result)

परीक्षा का परिणाम घोषित हो गया, मैं प्रथम श्रेणी में पास हुआ हूं।

परिणामस्वरूप (consequently, as a result of)

यात्रा की तैयारी में घर पर काफ़ी देर हो गई। परिणामस्वरूप गाड़ी निकल गई।

परिपक्व (mature, ripe)

इस मामले में हमें किसी अनुभवी व्यक्ति की परिपक्व सलाह लेनी चाहिए।

परिपत्र (circular)

नये साल की छुट्टियों के बारे में परिपत्र निकल चुका है, उसकी प्रति हमारे कार्यालय में भी आ चुकी है।

परिपथ (circuit)

अब अनेक तारघरों के बीच देवनागरी लिपि के टेलिप्रिंटरों के परिपथ मौजूद हैं।

परिपाटी (convention)

पुरानी परिपाटी के अनुसार सेवानिवृत्त (रिटायर) होने वाले व्यक्ति को उसके सहयोगियों द्वारा विदाई दी जाती है।

परिभाषा (definition)

यात्रा-भत्ता सम्बन्धी नियमों में 'परिवार' की परिभाषा में माता-पिता को शामिल नहीं किया जाता।

परिमंडल (circle)

उत्तर प्रदेश परिमंडल के पोस्टमास्टर जनरल का कार्यालय लखनऊ में है।

परिमाण (quantity)

हाल ही में जो नये तेल भण्डार का पता लगा है उससे प्रति वर्ष काफ़ी परिमाण में तेल मिलने की आशा है।

परियोजना (project)

चम्बल नदी परियोजना को पूरा कराने में कई वर्ष लगे।

परिलब्धियां (emoluments)

वेतन तथा भत्ते आदि मिलाकर उसकी कुल परिलब्धियां 1200 रु० मासिक

हैं।

परिवर्तन (change)

मैं जलवायु परिवर्तन के लिए शिमला जा रहा हूं।

परिवर्धन (enlargement)

कुछ और कमरे बनवाकर मैं अपने मकान का परिवर्धन कराना चाहता हूं।

परिवहन (transport)

मुख्य सड़कों को चौड़ा करने के लिए परिवहन मंत्रालय ने राज्य सरकारों को काफ़ी धनराशि दी है।

परिवार (family)

परिवार वाले कर्मचारियों के लिए बड़े क्वार्टर बनाए गए हैं।

परिवीक्षा (probation)

नये भर्ती हुए कर्मचारी को दो साल परिवीक्षा पर रखा जाएगा। इस बीच यदि उसका काम संतोषजनक न हुआ तो उसे नौकरी से निकाला जा सकता है।

परिशिष्ट (appendix, supplement)

1. इस साल का आय-व्यय का ब्यौरा कृपया परिशिष्ट 'क' में देखिए।

2. गणतंत्र दिवस के अवसर पर सभी समाचार-पत्रों ने विशेष परिशिष्ट निकाले हैं।

परिशुद्धता (accuracy)

जो आंकड़े संसद को प्रस्तुत किए जा रहे हैं उनकी परिशुद्धता की भलीं प्रकार पड़ताल कर ली गई है।

परिषद् (council)

भारतीय कृषि अनुसन्धान परिषद् द्वारा देश में कृषि-सम्बन्धी महत्वपूर्ण अनुसन्धान कार्य किया जा रहा है।

परिसमापन (liquidation)

वह कम्पनी कई वर्ष से घाटे में चल रही थी। अब उसके परिसमापन के सम्बन्ध में कारवाई हो रही है।

परिसम्पत्ति (assets)

कम्पनी की परिसम्पत्ति कम है, देनदारियां (liabilities) अधिक हैं।

परिसर (premises)

कार्यालय परिसर में कोई अनधिकृत सभा या बैठक आयोजित नहीं की जा सकती।

परिसीमन (delimitation)

नयी जनगणना के बाद निर्वाचन क्षेत्रों (constituencies) के परिसीमन

का काम शुरू कर दिया गया है।

परिस्थिति (circumstances)

अब परिस्थिति बदल गई है। उसको ध्यान में रखकर मामले पर फिर विचार करना होगा।

परिहार्य (avoidable)

परिहार्य खर्च जितना कम किया जा सके उतना ही अच्छा होगा।

परीक्षक (examiner)

परीक्षक ने सभी उत्तर-पुस्तिकाएं जांच ली हैं, अब परीक्षाफल जल्दी घोषित हो सकेगा।

परीक्षण (trial, testing)

नये हथियारों का परीक्षण हो रहा है, सफल होने पर ही उनका बड़े पैमाने पर उत्पादन किया जाएगा।

परीक्षा (test, examination)

इन पदों को भरने के लिए परीक्षा ली जाएगी। उसमें सफल होने वाले व्यक्तियों को इंटरव्यू के लिए बुलाया जाएगा।

परेशान (worried, bothered)

1. काफ़ी समय से घर का कोई समाचार नहीं मिला, इससे मैं परेशान हूं।

2. इस छोटी-सी बात के लिए आपको परेशान नहीं करूंगा।

परेषण (consignment)

यहां से मशीनरी का काफ़ी सामान भेजा गया है। कुछ परेषण ठीक पहुंच गए हैं लेकिन कुछ का पता ही नहीं लग रहा है।

परेषिती (consignee)

माल गंतव्य स्थान (destination) पर पहुंच गया है लेकिन परेषिती को अभी बिल्टी (railway receipt) नहीं मिली है। इसलिए वह माल को छुड़ा नहीं सका है।

परेषक (consigner)

माल का पैकिंग ठीक नहीं हुआ है। यदि रास्ते में कुछ नुकसान हुआ तो इसकी ज़िम्मेवारी रेलवे की नहीं परेषक की होगी।

परोक्ष (indirect)

मैं आपकी मदद प्रत्यक्ष रूप से तो नहीं कर पाऊंगा, परोक्ष रूप में करता रहूंगा।

पर्ची (slip)

मैंने आपका पता एक पर्ची पर नोट कर लिया था, वह पर्ची इस समय मिल नहीं रही है।

पर्यन्त (upto, till)

विद्या का लाभ जीवन पर्यन्त रहता है।

पर्यटक (tourist)

इस वर्ष विदेश से कई लाख पर्यटक भारत में आए।

पर्यटन (tourism)

सरकार पर्यटन को बढ़ावा दे रही है, इससे देश को काफी विदेशी मुद्रा मिल पाती है।

पर्यवसान (termination)

परिवीक्षा अवधि के संतोषजनक पर्यवसान पर उसे वर्तमान पद पर स्थायी कर दिया जाएगा।

पर्यवेक्षक (superviser)

टेलीफ़ोन केंद्र के पर्यवेक्षक को कहा गया है कि वह वहां की व्यवस्था ठीक कराए।

पर्यवेक्षण (supervision)

कारख़ाने का प्रबन्ध ठीक होगा तभी उसमें लाभ हो पाएगा।

पर्याप्त (sufficient, adequate)

1. इस काम को निपटाने के लिए कार्यालय में पर्याप्त स्टाफ़ नहीं है, इसलिए कुछ अतिरिक्त पदों की मांग की गई है।

2. किसी कर्मचारी के विरुद्ध अनुशासनिक कार्रवाई करने के लिए पर्याप्त कारण होने चाहिए।

पर्याय (equivalent)

इस शब्दकोश में प्रशासनिक शब्दों के हिन्दी-अंग्रेजी पर्याय दिए गए हैं, साथ ही उनका वाक्यों में प्रयोग भी दिखाया गया है।

पलटा (change, turn)

समय ने ऐसा पलटा खाया है कि जो बात कल विचित्र दिखाई पड़ती थी आज वह सामान्य हो गई है।

पलायन (to run away)

हमारी सेना की वीरता और युद्ध-कौशल के कारण शत्रु को पलायन करना पड़ा।

पशु (cattle, animal)

सूखा पड़ने पर पशुओं के लिए चारे की समस्या हो जाती है।

पशुधन (livestock)

सरकार ने पशुधन के सुधार के लिए कई योजनाएं चलाई हैं।

पशुपालन (animal husbandry)

भारत के करोड़ों लोग पशुपालन द्वारा अपना जीवन निर्वाह करते हैं।

पश्चात (after)

अन्तरिम उत्तर भेज दीजिए और उसके पश्चात इस बारे में मुझसे चर्चा कीजिए।

पहचान-पत्र (identity card)

कुछ सरकारी कार्यालयों में उन्हीं व्यक्तियों को प्रवेश करने दिया जाता है जिन्हें सुरक्षा विभाग की ओर से पहचान-पत्र दिए गए हैं।

पहल शक्ति (initiative)

इस वर्ष जिन व्यक्तियों को भर्ती किया गया है उनमें काफ़ी पहल शक्ति है। वे अपने कार्यालय की समस्याओं को समझने और उनको दूर करने के लिए स्वयं ही प्रयत्नशील रहते हैं, उसके लिए ऊपर के आदेशों की ही प्रतीक्षा नहीं करते रहते।

पहलू (aspect)

ऐसा मालूम होता है कि इस समस्या के कई पहलुओं पर अभी तक ध्यान नहीं दिया गया है।

पहले (at first, already, before hard)

1. पहले आप इस काम को निपटा लें, तब आपको दूसरा काम सौंपा जाएगा।

2. इस बारे में आदेश पहले ही जारी कर दिए गए हैं।

3. शांति भंग होने की आशंका थी इसलिए पुलिस मंगा लेने का प्रबन्ध पहले से कर लिया गया था।

पांडुलिपि (manuscript)

पुस्तक की पांडुलिपि काफ़ी समय से तैयार पड़ी है, आप जब चाहें प्रेस को भेज दें।

पाठ (text, lesson)

1. क़ानूनों का प्राधिकृत पाठ (authorised text) अब हिन्दी में भी उपलब्ध है।

2. नये पाठ्यक्रम के अनुसार पाठ तैयार कर लिये गए हैं।

पाठ्यक्रम (course)

इस वर्ष सभी स्कूलों में विज्ञान विषय का पाठ्यक्रम बदल दिया गया है।

पाक्षिक (fortnightly)

यह पत्रिका पाक्षिक है, अभी हम इसका साप्ताहिक प्रकाशन करने की स्थिति में नहीं हैं।

पात्र (eligible)

इस पद के लिए न्यूनतम योग्यता बी० ए० रखी गई है। आप केवल मैट्रिक हैं, अतः अभी इस पद के पात्र नहीं हैं।

पात्रता (eligibility)

इंटरव्यू के पत्र भेजने से पहले उम्मीदवारों की पात्रता जांच लेना ज़रूरी है।

पाना (to get, to obtain)

1. मुझे आशा है कि यह काम एक सप्ताह में करा पाऊंगा।
2. अभी इस बिल का भुगतान पाना कठिन दिखाई पड़ता है।

पानेवाला (payee)

मनीआर्डर का भुगतान करते समय पानेवाले के हस्ताक्षर करा लिये जाते हैं।

पाबन्दी (restriction)

जब अन्न की कमी होती है तब गेहूं, चावल आदि के लाने-ले जाने पर पाबन्दियां लगा दी जाती हैं। अब स्थिति ठीक है तो सभी पाबन्दियां हटा ली गई हैं।

पारंगत (adept)

वह अनुवाद-कला में पारंगत है।

पारपत्र (passport)

विदेश यात्रा के लिए पारपत्र ज़रूरी है।

पारस्परिक (reciprocal)

दोनों पड़ोसी एक-दूसरे को अनेक सुविधाएं पारस्परिक आधार पर दे रहे हैं।

पारिश्रमिक (renumeration)

जिन व्यक्तियों से यह काम कराया गया है उन्हें पारिश्रमिक देने की कार्रवाई की जा रही है।

पारी (shift, turn)

1. यह काम रात की पारी में कराया जा रहा है।
2. अभी मैं काफ़ी जूनियर हूं, मेरी पदोन्नति की पारी नहीं आई।

पारी बाहर (out-of-turn)

मेरे पिता सख्त बीमार हैं। इस कारण मैंने सरकारी मकान पारी बाहर दिए जाने के लिए आवेदन दिया है।

पारेषण (transmission)

कल से लाइन ख़राब है, अतः तारों का पारेषण रुका पड़ा है।

पार्षद (councillor)

दिल्ली नगर निगम के नए पार्षदों ने कल शपथ ग्रहण की ।

पालन करना (abide by)

जिम्मेदारी समझने वाले सभी सरकारी कर्मचारी नियमों का पालन करते हैं।

पारित (passed)

सभा ने प्रस्ताव पारित (पास) कर दिया ।

पावती (acknowledgement, receipt)

1. कृपया पत्र की पावती सूचित करें।
2. आपको चेक मिल गया होगा। कृपया उसकी पावती भेजें।

पाश्चात्य (western)

अब औद्योगिक प्रगति के मामले में भारत कुछ पाश्चात्य देशों से भी आगे है।

पिछड़ना (to lag behind)

औद्योगिक विकास के बारे में पहले भारत यूरोप की अपेक्षा काफ़ी पिछड़ा रहा, लेकिन अब इस दिशा में काफ़ी प्रगति हुई है।

पिछड़े वर्ग (backward class)

पिछड़े वर्ग के लोगों को कई प्रकार की आर्थिक सुविधाएं दी जा रही हैं।

पिछला (previous)

पिछले महीने पूरा वेतन नहीं मिला था, बकाया राशि का भुगतान अब हुआ है।

पीछे (behind)

वह मेरे पीछे-पीछे आ रहा था।

पीढ़ी (generation)

नयी पीढ़ी के दृष्टिकोण को समझने और उनकी समस्याओं का हल ढूंढ़ने की आवश्यकता है।

पुन: (again, once more)

आपसे पुन: अनुरोध है कि हमारे नगर में शीघ्र पधारने की कृपा करें।

पुनरावृत्ति (repetition)

आपको विश्वास दिलाता हूं कि इस भूल की पुनरावृत्ति नहीं होगी।

पुनरीक्षण (revision)

नियमों का पुनरीक्षण हो रहा है ।

पुनर्गठन (reconstitution, reorganisation)

1. योजना समिति का पुनर्गठन किया गया है और उसमें कई नये सदस्य

शामिल किए गए हैं।

2. इस समय राज्यों का नये सिरे से पुनर्गठन होने की कोई संभावना नहीं है।

पुनर्देय (refundable)

पिछले वर्ष आयकर विभाग ने मुझसे 500 रुपये अधिक वसूल कर लिए थे, वह राशि मुझे पुनर्देय है।

पुनर्निर्माण (reconstruction)

युद्ध में इतना विनाश होता है कि पुनर्निर्माण के लिए काफी शक्ति लगानी पड़ती है।

पुनर्नियुक्ति (reappointment)

पिछली बार छंटनी (retrenchment) के कारण उसकी नौकरी जाती रही थी, अब उसकी उसी विभाग में पुनर्नियुक्ति हो गई है।

पुनर्वर्गीकरण (reclassification)

विभिन्न स्तर के अधिकारियों के लिए बने मकानों का पुनर्वर्गीकरण किया जा रहा है।

पुनर्वास (rehabilitation)

देश के विभाजन के बाद लाखों लोगों के पुनर्वास की समस्या सामने आई थी।

पुनर्विचार (reconsideration)

पुनर्विचार के बाद योजना मंजूर कर ली गई है।

पुनर्विलोकन (review)

विभागीय जांच के दौरान कई नये तथ्य प्रकाश में आए हैं। अनुरोध है कि मामले का पुनर्विलोकन कर लिया जाए।

पुनश्चर्या (refresher course)

मैं दस वर्ष पूर्व ऐसे कोर्स में शामिल हुआ था। अब पुनश्चर्या की आवश्यकता है।

पुनः प्रेषण केन्द्र (return letter office)

जिन पत्रों पर पते ठीक तरह नहीं लिखे होते उन्हें पुनः प्रेषण केन्द्र भेज दिया जाता है।

पुरातन (ancient)

भारत की संस्कृति पुरातन है। लेकिन हमें आधुनिक आविष्कारों का भी लाभ उठाना चाहिए।

पुराना (older)

यह टाइपराइटर बहुत पुराना है, फिर भी काम दे रहा है।

पुरातत्त्व (archaeology)

पुरातत्त्व विभाग ने इस वर्ष जिन स्थानों की खुदाई कराई है वहां काफ़ी पुराने सिक्के मिले हैं।

पुष्टि (confirmation)

इस समाचार की पुष्टि हो गई है कि अगले महीने से महंगाई भत्ते की दरें बढ़ा देने का निर्णय ले लिया गया है।

पुश्तैनी (ancestral)

हमारी यह पुश्तैनी जायदाद है।

पुस्तकालय (library)

पुस्तकालय में सभी विषयों की पुस्तकें मौजूद हैं।

पुस्तिका (pamphlet)

नये नियमों की मुख्य-मुख्य बातें इस पुस्तिका में सरल भाषा में दे दी गई हैं।

पूंजी (capital)

इस्पात कारख़ाना लगाने के लिए करोड़ों रुपये की पूंजी चाहिए।

पूंजीगत ख़र्च (capital expenditure)

मशीन ख़रीदने पर जो व्यय होगा वह पूंजीगत ख़र्च माना जाएगा, उसे वर्ष के हानि-लाभ लेखा में शामिल नहीं किया जाएगा।

पूछना (to enquire, to ask)

1. मैं अपने मित्र से उसके नये मकान का पता पूछ रहा था।

2. संसद सदस्य अनेक विषयों पर प्रश्न पूछते हैं, उनके उत्तर सही दिये जाने ज़रूरी हैं।

पूछताछ कार्यालय (enquiry office)

पूछताछ कार्यालय में जाकर मालूम कर लीजिए कि अमुक अधिकारी किस कमरे में मिलेंगे।

पूरक (supplementary)

1. इस मद के लिए बजट अनुमान में कोई राशि नहीं रखी गई थी। अब इस ख़र्च के लिए पूरक बजट में व्यवस्था करनी पड़ेगी।

2. संसद में तारांकित प्रश्नों के सम्बन्ध में सदस्यगण पूरक प्रश्न भी पूछ सकते हैं।

पूर्ण (complete, perfect, full)

1. कल नगर में पूर्ण हड़ताल रही।

2. यह मशीन पूर्ण रूप से ठीक हालत में है।

3. समाचार-पत्रों को अपने विचार व्यक्त करने की पूर्ण स्वतंत्रता है।

पूर्णकालिक (whole time)

सरकार के पूर्णकालिक कर्मचारी किसी और जगह जाकर अंशकालिक (part-time) काम नहीं कर सकते।

पूर्णतया, पूर्णतः (in toto, completely, fully)

मैं आपसे पूर्णतया सहमत हूं कि योजना अच्छी है और इस पर काम जल्दी आरम्भ किया जाना चाहिए।

पूर्ति (supply, fulfil, completion)

1. हमने पिछले वर्ष पांच टाइपराइटरों का आर्डर भेजा था, उनकी अभी पूर्ति नहीं हुई।

2. स्वास्थ्य मंत्री ने इस नगर में अस्पताल बनवा देने का आश्वासन दिया था उसकी इस वर्ष पूर्ति हो गई है।

3. तीसरी पंचवर्षीय योजना की पूर्ति से पहले ही इस क्षेत्र में कई सौ नलकूप (ट्यूब वेल) लग चुके थे।

पूर्व-उदाहरण (precedents)

किसी कर्मचारी की अचानक मृत्यु हो जाने पर उसकी विधवा अथवा पुत्र को नौकरी देने के अनेक पूर्व-उदाहरण हैं। उनके आधार पर इस मामले में भी वैसी ही कार्रवाई की जा सकती है।

पूर्वगामी (foregoing)

पूर्वगामी टिप्पणियों में दिये गये तथ्यों के आधार पर प्रस्ताव को मान लेना उचित ही होगा।

पूर्व पृष्ठ (prepage)

कृपया पूर्व पृष्ठ की टिप्पणी देख लें।

पूर्ववत् (as before)

अभी स्थिति पूर्ववत् है, इसमें कोई परिवर्तन नहीं हुआ है और न होने की संभावना है।

पूर्ववर्ती (preceding)

पूर्ववर्ती अधिकारी का भी इस मामले में यही विचार था।

पूर्ववृत्त (antecedents)

किसी को स्थायी नौकरी में लेते समय उसके पूर्ववृत्त की पड़ताल करा लेना जरूरी है।

पूर्वाग्रह (prejudice)

किसी भी मामले पर पूर्वाग्रह के साथ विचार नहीं होना चाहिए। उसके अच्छे और बुरे पहलुओं को साथ-साथ देखना चाहिए।

पूर्वानुमति (prior permission)

नगर से बाहर जाने से पहले अपने वरिष्ठ अधिकारी की पूर्वानुमति ले लेनी जरूरी है।

पूर्वानुमान (forecast)

इस वर्ष के पूर्वानुमान के अनुसार गेहूं की फसल बहुत अच्छी होने वाली है।

पूर्वाभ्यास (rehearsal)

गणतंत्र दिवस की सैनिक परेड 26 जनवरी को निकलती है लेकिन उसका पूर्वाभ्यास कई दिन पहले शुरू हो जाता है।

पूर्वार्द्ध (first half)

आज के मैच के पूर्वार्द्ध में भारत की हाकी टीम बहुत अच्छा खेली।

पूर्वोक्त (aforesaid)

दोनों पड़ोसी देशों के बीच पूर्वोक्त कारणों से अभी तक कोई समझौता नहीं हो सका।

पूर्वोपाय (precautionary measure)

आम हड़ताल के अवसर पर शांतिभंग न हो इसके लिए पुलिस ने पूर्वोपाय कर लिये थे।

पूर्व सन्दर्भ (previous reference)

इन क़ाग़ज़ों को पूर्व सन्दर्भ के साथ प्रस्तुत कीजिए।

पृथक (separate)

छूत की बीमारी वाले रोगी को पृथक वार्ड में रखा जाता है।

पृष्ठ (page)

इन पुस्तक में 200 पृष्ठ हैं।

पृष्ठभूमि (background)

कृपया मुझे इस मामले की पृष्ठभूमि समझा दीजिए।

पृष्ठांकन (endorsement)

सरकार के आदेश नीचे के सभी कार्यालयों को पृष्ठांकित कर दिये गये हैं।

पेचीदगी (intricacy)

इस समस्या की पेचीदगियां समझने में काफ़ी समय लग जायेगा।

पेचीदा (intricate)

यह मामला बहुत पेचीदा है, इस पर ध्यानपूर्वक विचार करना आवश्यक है।

पेशगी (advance)

स्कूटर ख़रीदने के लिए मैंने अपना नाम प्रतीक्षा-सूची में दर्ज कराया है। उसके साथ मुझे 500 रु० पेशगी के रूप में भी जमा कराने पड़े।

पेंशनभोगी (pensioner)

महंगाई बढ़ने से पेंशनभोगियों को परेशानी का सामना करना पड़ रहा है।

पेशा (profession)

नौकरी-पेशा वाले लोगों की बंधी आमदनी होती है। उन्हें उसी में गुजारा करना पड़ता है।

पैतृक (ancestral)

उसे काफ़ी पैतृक सम्पत्ति विरासत में मिली है।

पैरवी (advocacy)

हाई कोर्ट में मेरे मामले की पैरवी बहुत अच्छे एडवोकेट ने की।

पोत (ship, vessel)

इस बार के तूफान से अनेक समुद्री पोतों को बहुत नुकसान पहुंचा।

प्रकल्पना (presumption)

यह ख़र्च इस प्रकल्पना के आधार पर किया जा रहा है कि आपका विभाग समस्त राशि की प्रतिपूर्ति (reimbursement) कर देगा।

प्रकांड (eminent)

वह संस्कृत के प्रकांड पंडित हैं।

प्रकार (kind, manner)

1. यह मिल कई प्रकार का कपड़ा बना रहा है।

2. जो भी काम करो, अच्छी प्रकार करो।

प्रकाश (light)

1. इस मामले की गहराई से जांच कराई गई तो कई नयी बातें प्रकाश में आईं।

2. क्या आप इस विषय पर और प्रकाश डाल सकेंगे ?

प्रकाशन (publication, publishing)

1. इस वर्ष के कई नये प्रकाशन उच्च कोटि के हैं।

2. काग़ज़ की कमी हो जाने से, कई पुस्तकों का प्रकाशन नहीं हो सका है।

प्रकीर्ण (miscellaneous)

शेष विवरण को कृपया प्रकीर्ण अध्याय (chapter) में प्रकाशित करा दें।

प्रक्रिया (procedure, process)

1. केन्द्रीय सरकार की नीति के अनुसार सभी प्रक्रिया साहित्य हिन्दी तथा अंग्रेज़ी दोनों भाषाओं में छपना चाहिए।

2. मैंने साबुन बनाने की प्रक्रिया समझ ली है, अब मैं स्वयं बना सकूंगा।

प्रखर (sharp)

उसकी स्मरण शक्ति प्रखर है।

प्रख्यात (well known)

वह अपने क्षेत्र का प्रख्यात समाजसेवी है।

प्रगति (progress)

नये कारख़ाने लगने से देश की आर्थिक प्रगति हो रही है।

प्रगतिशील (progressive)

केरल देश का अत्यन्त प्रगतिशील राज्य है।

प्रगामी (progressive)

हिन्दी के प्रगामी प्रयोग के बारे में समय-समय पर अनेक आदेश जारी हुए हैं।

प्रचलित (prevalent, in vogue)

प्रचलित प्रणाली में कई दोष पाये गये हैं।

प्रचार (publicity)

बैंकों ने कई नयी बचत योजनाएं चलाई हैं, उनके सम्बन्ध में काफ़ी प्रचार किया जा रहा है।

प्रचालक (operator)

टेलीफ़ोन प्रचालक ने पटना के लिए ट्रंक काल जल्दी मिला दी।

प्रचुर (plentiful)

अब हिन्दी में वैज्ञानिक और तकनीकी विषयों का भी प्रचुर साहित्य है।

प्रणाली (system)

यदि कार्य प्रणाली ठीक हो तो कम मेहनत से भी काफ़ी काम हो जाता है।

प्रति (copy, per)

1. इस पुस्तक की दो प्रतियां पुस्तकालय के लिए मंगाई जा रही हैं।
2. वह हिन्दी में 75 शब्द प्रति मिनट की गति से टाइप कर सकता है।

प्रतिकर भत्ता (compensatory allowance)

दिल्ली, बम्बई, मद्रास आदि बड़े नगरों में सरकारी कर्मचारियों को नगर प्रतिकर भत्ता भी मिलता है।

प्रतिकूल (adverse, unfavourable, contrary)

1. उसकी चरित्र पंजी में कई प्रतिकूल प्रविष्टियां (adverse entries) हैं।
2. इस प्रस्ताव के बारे में वित्त मंत्रालय का रुख़ प्रतिकूल है।
3. दुर्भाग्य से चुनाव परिणाम आशा के प्रतिकूल रहा।

प्रतिक्रिया (reaction)

नये बजट में कर बढ़ाने के प्रस्तावों पर हुई जनता की प्रतिक्रिया को ध्यान में रखकर इस मामले पर पुनर्विचार किया जा रहा है।

प्रतिदिन (per day, daily/everyday)

1. कारख़ानों में मज़दूरों से आमतौर पर आठ घंटे प्रतिदिन काम लिया जाता है।

2. पिछले महीने मुझे कार्यालय प्रतिदिन जाना पड़ा, कोई छुट्टी नहीं मिली।

प्रतिनिधि (representative)

कृषि-संबंधी योजनाओं पर विचार करने के लिए जो बैठक बुलाई गई उसमें राज्यों के प्रतिनिधियों ने भी भाग लिया।

प्रतिनिधित्व (representation)

सरकारी नौकरियों में अनुसूचित जातियों तथा अनुसूचित आदिम जातियों के के लिए विशेष प्रतिनिधित्व की व्यवस्था है।

प्रतिनिधि-मंडल (deputation, delegation)

1. नागरिकों का प्रतिनिधि-मंडल मंत्री महोदय से मिला और उन्हें बिजली तथा पानी की अव्यवस्था के बारे में अवगत कराया।

2. संयुक्त राष्ट्र संघ में भारत के प्रतिनिधि-मंडल ने रंग-भेद नीति का घोर विरोध किया।

प्रतिनियुक्ति (deputation to another post)

मुझे..............................के पद पर दो साल के लिए प्रतिनियुक्ति पर भेजा जा रहा है।

प्रतिपक्षी (opponent, opposite party)

अपने प्रतिपक्षी को कभी कमज़ोर न समझिए।

प्रतिपर्ण (counterfoil)

इस रसीद बही से जो भी रसीदें काटी गई हैं, उनके प्रतिपर्ण मौजूद हैं।

प्रतिपूरक छुट्टी (compensatory leave)

मैं रविवार को ड्यूटी पर आया था, उसके बदले आज प्रतिपूरक छुट्टी ले रहा हूं।

प्रतिपूर्ति (reimbursement)

कार्यालय के काम से आपने कल 10 रु० व्यय किये थे। उसका बिल बनाकर दे दीजिए जिससे आपको उस राशि की प्रतिपूर्ति कर दी जाए।

प्रतिबन्ध (ban)

ख़र्च को कम रखने के उद्देश्य मे कार्यालयों में नये पद बनाये जाने पर प्रतिबन्ध लगा दिया गया है।

प्रतिभा (genius, brilliance)

वह प्रतिभाशाली युवक है। उसे जो भी काम सौंपा जाएगा, उसे वह सफलतापूर्वक सम्पन्न करेगा।

प्रतिभूति (security)

सरकारी प्रतिभूतियों में लगी धनराशि बिलकुल सुरक्षित रहती है।

प्रतिमास (per month)

इस समय 500 रु० प्रतिमास वेतन पाने वालों के लिए महंगाई भत्ते की दर……रु० प्रति मास है।

प्रतियोगिता (competition)

तैराकी प्रतियोगिता में हमारे कॉलेज के कई विद्यार्थियों ने इनाम जीते।

प्रतियोगी (competitor, competitive)

1. इस बार खेलकूद प्रतियोगिता में सैकड़ों प्रतियोगियों ने भाग लिया।

2. इन पदों पर भरती के लिए लोकसेवा आयोग द्वारा प्रति वर्ष प्रतियोगी परीक्षा ली जाती है।

प्रतिलिपि (copy)

इस पत्र की प्रतिलिपि सूचना के लिए…मंत्रालय को भी भेज दी गई है।

प्रतिलेखन (transcription)

स्टेनोग्राफ़र ने अभी डिक्टेशन लिया है, उसे इसके प्रतिलेखन में बीस मिनट लग जाएंगे।

प्रतिवाद (refutation)

सरकार की ओर से इस आरोप का प्रतिवाद किया गया है कि रेल दुर्घटना होने पर डॉक्टरी सहायता का शीघ्र प्रबंध नहीं किया गया था।

प्रतिवादी (defendent)

कल अदालत में वादी और प्रतिवादी दोनों मौजूद थे लेकिन जज महोदय की अनुपस्थिति के कारण मुक़दमे की सुनवाई नहीं हो सकी।

प्रतिवेदन (report)

जांच समिति ने अपना काम पूरा करके प्रतिवेदन सरकार को प्रस्तुत कर दिया है।

प्रतिशत (per cent)

बैंक में जो राशि पांच साल से अधिक अवधि के लिए जमा कराई जाए उस पर 10 प्रतिशत की दर से ब्याज मिलता है।

प्रतिशतक (percentage)

भारत में पढ़े-लिखे व्यक्तियों का प्रतिशतक अब निरन्तर बढ़ता जा रहा है।

प्रतिष्ठा (prestige)

डॉक्टरों के लिए मोटरकार रखना केवल प्रतिष्ठा की बात नहीं हैं, उनके काम के लिए बहुत आवश्यक है।

प्रतिष्ठान (undertaking, installation)

औद्योगिक (industrial) प्रतिष्ठान के कर्मचारियों को बोनस भी मिलता है।

प्रतिहस्ताक्षर (countersignature)

यह गोपनीय रिपोर्ट उप-सचिव द्वारा लिखी गई है, इसे कृपया सचिव को दिखाकर उनके प्रतिहस्ताक्षर करा लिये जाएं।

प्रतीक्षा (wait, await)

हम आपके उत्तर की अभी भी प्रतीक्षा कर रहे हैं।

प्रतीक्षा सूची (waiting list)

मुझे रात की गाड़ी में रिज़र्वेशन नहीं मिल पाया है, मेरा नाम अभी प्रतीक्षा-सूची में है।

प्रत्यक्ष (direct, obvious)

1. इस बारे में आप मंत्री जी से प्रत्यक्ष मिल लें।

2. प्रत्यक्ष है कि उसे अपने काम में कोई रुचि नहीं है। उसे वहां से हटा लेना ही उचित होगा।

प्रत्यक्षतः (prima facie)

उसके विरुद्ध प्रत्यक्षतः काफी सबूत हैं, अतः उस पर मुक़दमा चलाने का निर्णय किया गया है।

प्रत्यय पत्र (credentials, letter of credence)

सोवियत राजदूत ने भारत के राष्ट्रपति को कल अपना प्रत्यय पत्र प्रस्तुत किया।

प्रत्याशा (anticipation)

यह काम तुरन्त पूरा करना था। अतः आपकी मंज़ूरी की प्रत्याशा करते हुए 500 रु० व्यय कर दिये गये हैं।

प्रत्याशी (candidate)

इस बार के चुनाव में निर्दलीय प्रत्याशियों की संख्या काफ़ी अधिक है।

प्रत्युत्तर (rejoinder)

विरोधी दल के नेता ने सरकार पर आरोप लगाते हुए कल जो वक्तव्य दिया था उसका···मंत्री ने आज प्रत्युत्तर दिया है।

प्रत्येक (every one, each)

प्रत्येक व्यक्ति सफ़ाई का ध्यान रखे तभी नगर साफ़ रह सकता है।

प्रथमतः (in the first instance)

प्रथमतः यह मालूम कर लीजिए कि गांव कितना बड़ा है तथा उसमें कितने व्यक्ति पढ़े-लिखे हैं।

प्रथम श्रेणी (first class)

जनता एक्सप्रेस में प्रथम श्रेणी नहीं होती, सभी डिब्बे दूसरी श्रेणी के होते हैं।

प्रदत्त (conferred)

ये नियम भारत सरकार के अधिनियम (Act) की धारा 7 के द्वारा प्रदत्त शक्ति का प्रयोग करके बनाये गये हैं।

प्रदर्शन (demonstration)

बढ़ती महंगाई के विरुद्ध कल महिलाओं ने विशाल प्रदर्शन किया।

प्रदर्शनी (exhibition)

कला प्रदर्शनी में अनेक प्राचीन चित्र दिखाए गए हैं।

प्रधान (head, president)

1. हमारी फ़र्म का प्रधान कार्यालय बम्बई में है।
2. संस्था के प्रधान का चुनाव वार्षिक बैठक में किया जाएगा।

प्रधान मंत्री (Prime Minister)

भारत के प्रधान मंत्री इन दिनों संयुक्त राष्ट्र संघ के अधिवेशन में भाग लेने गए हैं।

प्रधान लिपिक (head clerk)

वह लिपिक के रूप में आठ वर्ष काम कर चुका है, अब उसकी पदोन्नति प्रधान लिपिक के रूप में हुई है।

प्रधान सेनापति (commander-in-chief)

जापान के प्रधान सेनापति अगले सप्ताह भारत की यात्रा पर आ रहे हैं।

प्रपत्र (form, proforma)

कृपया यह सूचना निर्धारित प्रपत्र में भेजिए।

प्रबन्ध (management, arrangement)

1. इस कारख़ाने का प्रबन्ध अच्छा है, इसलिए इसमें प्रतिवर्ष मुनाफ़ा होता है।
2. कल की बैठक में चाय आदि का प्रबन्ध था।

प्रबन्ध निदेशक (managing director)

कम्पनी के प्रबंध निदेशक के आदेश से ही इस क्लर्क की नियुक्ति की गई है।

प्रभाग (division)

हमारे मंत्रालय के वित्त प्रभाग ने नये पदों के लिए अपनी सहमति दे दी है।

प्रभार (charges—as payment for services rendered)

पानी बिजली प्रभार के रूप में 102.00 रु० अदा कर दिए गए हैं।

प्रभाव (effect, influence)

1. यदि आप उन्हें अपनी ओर से पत्र लिख दें तो उसका तत्काल प्रभाव होगा।

2. उसने अपने प्रभाव का दुरुपयोग करके यह अनुचित काम कराया।

प्रभावशाली (influential)

वह इस नगर का बहुत प्रभावशाली व्यक्ति है।

प्रभावित (impressed)

उसकी मेहनत और ईमानदारी से सभी प्रभावित हैं।

प्रभावी (effective)

ये आदेश 15 जनवरी से प्रभावी होंगे, उससे पहले नहीं।

प्रमाण (proof, evidence)

इन आरोपों को सिद्ध करने के लिए काफ़ी प्रमाण मौजूद हैं।

प्रमाण-पत्र (certificate)

जो उम्र मैट्रिक के प्रमाणपत्र में लिखी गई है वही ठीक मानी जाएगी।

प्रमाणित (certified, proved)

1. यह प्रमाणित किया जाता है कि श्री.........................ने इस संस्थान में छः महीने हिन्दी टाइपराइटिंग का प्रशिक्षण प्राप्त किया और परीक्षा में उनकी गति 35 शब्द प्रति मिनट रही।

2. यह प्रमाणित हो चुका है कि श्री.........................इस मामले में पूरी तरह दोषी हैं।

प्रमाद (negligence)

जांच से मालूम हुआ कि यह दुर्घटना ड्यूटी पर तैनात कर्मचारी के प्रमाद से हुई। उसके विरुद्ध कार्रवाई की जाएगी।

प्रमुख (main, prominent)

1. कल की बैठक में जो निर्णय लिये गए उनमें निम्नलिखित प्रमुख हैं।

2. इस मामले पर विचार-विमर्श करने के लिए शहर के प्रमुख नागरिकों को बुलाया गया है।

प्रयत्न (attempt, endeavour, try)

1. भीड़ ने इमारत को आग लगाने के अनेक प्रयत्न किए किंतु पुलिस ने उन्हें विफल कर दिया।

2. हमारा पूरा प्रयत्न है कि यह आयोजन सफल हो।

3. मैं आपको विदाई देने स्टेशन पहुंचने का प्रयत्न करूंगा।

प्रयास (efforts)

हमें आशा है कि इस दिशा में किया जाने वाला प्रयास अवश्य सफल होगा।

प्रयुक्त (use)

अब प्रशासनिक कामों में हिन्दी भी प्रयुक्त की जा रही है।

प्रयोग (experiment, use)

1. यह बीज प्रयोग के रूप में बोया गया है, देखें फसल कैसी होती है!
2. सरकारी कार्यालयों में हिन्दी का प्रयोग क्रमशः बढ़ता जा रहा है।

प्रयोगशाला (laboratory)

हमारे कॉलेज की विज्ञान प्रयोगशाला में काफ़ी नया सामान मंगवाया गया है।

प्रयोगात्मक (experimental)

इन नये औज़ारों का उपयोग पहले प्रयोगात्मक रूप में किया जाएगा।

प्रयोजन (purpose)

यह सामान किस प्रयोजन के लिए ख़रीदा गया है, इसका कृपया स्पष्ट रूप से उल्लेख कर दीजिए।

प्रलेख (document)

भारत सरकार के अनेक महत्त्वपूर्ण प्रलेख अब हिन्दी और अंग्रेजी दोनों भाषाओं में तैयार किए जाते हैं।

प्रवक्ता (spokesman)

इस सम्मेलन में लिये गए महत्त्वपूर्ण निर्णयों का विवरण आज सरकारी प्रवक्ता पत्रकारों को देंगे।

प्रवर (senior)

इस विभाग में उसकी नियुक्ति प्रवर लिपिक के पद पर हुई है।

प्रवर समिति (select committee)

इस विधेयक पर पहले लोक सभा की प्रवर समिति विचार करेगी।

प्रविष्टि (entry)

अब कर्मचारियों की सर्विस बुकों में प्रविष्टियां हिन्दी में की जाने लगी हैं।

प्रवीण (proficient)

उसने बी० ए० तक विषय के रूप में हिन्दी पढ़ी है, अतः वह इस भाषा में प्रवीण है।

प्रवेश (entrance, admission)

1. रक्षा अकादमी में प्रवेश-परीक्षा पास करने वालों को ही दाख़िल किया जाता है।
2. बिना आज्ञा प्रवेश मना है।

प्रवेश-शुल्क (admission fee)

नये विद्यार्थियों को दस रुपये प्रवेश-शुल्क देना पड़ता है।

प्रवृत्त (engaged)

शरारती लोग ध्वंसात्मक कार्यों में प्रवृत्त (लगे हुए) हैं ।

प्रवृत्ति (tendency)

कुछ दिनों से कार्यालयों में देर से आने की प्रवृत्ति बढ़ती जा रही है, इसकी शीघ्र रोकथाम की जानी चाहिए।

प्रशंसनीय (praiseworthy)

अचानक बाढ़ से घिरे ग्रामवासियों को बचाकर निकालने में पुलिस के जवानों ने प्रशंसनीय काम किया।

प्रशस्त (vast, wide)

कड़ी मेहनत से ही सफलता का मार्ग प्रशस्त होता है ।

प्रशस्ति (admiration, appreciation)

सैनिकों को वीरता के पदक प्रदान करते समय प्रशस्ति-पत्र भी दिए गए।

प्रशासक (administrator)

बिगड़ती हुई स्थिति को सम्भालकर उसने कुशल प्रशासक होने का परिचय दिया।

प्रशासन (administration)

जनता के हितों का ध्यान रखना प्रशासन का कर्तव्य है।

प्रशासन अधिकारी (administrative officer)

निदेशालय के प्रशासन अधिकारी ने इस खर्च का अनुमोदन कर दिया है।

प्रशासनिक (administrative)

1. इस शिकायत की जांच प्रशासनिक अधिकारी कर रहे हैं।
2. प्रशासनिक दृष्टि से यह कदम उठाना ठीक न होगा।

प्रशिक्षण (training)

सभी बड़े नगरों में हिन्दी टाइपराईटिंग के प्रशिक्षण की व्यवस्था कर दी गई है।

प्रशिक्षार्थी (trainee)

यह कोर्स पूरा हो गया है और प्रशिक्षार्थी लौटने वाले हैं।

प्रश्न (question, query)

आडिट के प्रश्नों का उत्तर दिया जा रहा है।

प्रश्नावली (questionnaire)

समिति ने प्रश्नावली जारी की है। जनता से उसके उत्तर आ जाने पर समिति अपनी सिफ़ारिशें देगी।

प्रसंग (reference, context)

इस प्रसंग में बताया गया कि प्रस्तावित योजना पर अभी एक महीने तक काम शुरू नहीं हो सकेगा।

प्रसंगवश (incidentally)

प्रसंगवश मैं यह भी बता देना चाहता हूं कि लिफ़ाफ़े पर पते में मेरा नाम सही रूप से नहीं लिखा गया था, अतः यह पत्र मुझे देर से मिला।

प्रसार (expansion, spread)

1. नये-नये उद्योगों के आरंभ होने से नगर का बराबर प्रसार हो रहा है।
2. अब शिक्षा का गांवों में भी प्रसार हो रहा है।

प्रसारण (broadcasting)

सूचना तथा प्रसारण मंत्रालय की रिपोर्ट में बताया गया है कि इस वर्ष आकाशवाणी के पांच नये प्रसारण केन्द्र स्थापित किए जाएंगे।

प्रसारित (broadcast)

प्रधानमंत्री का भाषण आज रेडियो पर प्रसारित किया जाएगा।

प्रसिद्ध (famous)

काशी और हरिद्वार प्रसिद्ध तीर्थस्थान हैं।

प्रसूति छुट्टी (maternity leave)

गर्भवती महिला कर्मचारियों को तीन महीने तक की प्रसूति छुट्टी पूरे वेतन पर मिल जाती है।

प्रस्ताव (proposal)

कार्यालय के लिए चार नये टाइपराइटर खरीदने के प्रस्ताव को मान लिया गया है।

प्रस्तावित (proposed)

प्रस्तावित योजना में कई संशोधनों की आवश्यकता है, तभी यह लाभदायक बन सकेगी।

प्रस्तुत करना (to submit, present, produce)

1. फ़ाइल उप-सचिव को प्रस्तुत कर दी गई है।
2. मैं आपकी सेवा में प्रस्तुत हूं, मेरे योग्य काम बताइए।
3. अपराधी को मजिस्ट्रेट के सामने प्रस्तुत किया गया।

प्राक्कलन (estimate)

नये वर्ष के बजट प्राक्कलन में काफ़ी घाटा दिखाया गया है।

प्राथमिक (primary)

देश में प्राथमिक शिक्षा अनिवार्य कर दी गई है।

प्राथमिकता (priority)

बेरोज़गारी दूर करने के लिए उन योजनाओं को प्राथमिकता दी जानी चाहिए जिनमें अधिक व्यक्तियों को काम मिल सकता हो।

प्रादेशिक (regional, territorial)

1. हमारे बैंक का प्रादेशिक कार्यालय चंडीगढ़ में भी है।

2. प्रादेशिक सेना में अनेक इंजीनियर भी हैं।

प्राधान्य (predominance)

इस समिति में ऐसे सदस्यों का प्राधान्य है जिन्हें बैंकिंग कार्य का कई वर्ष का अनुभव है।

प्राधिकरण (authority)

दिल्ली विकास प्राधिकरण ने दिल्ली में विभिन्न वर्गों के लिए बड़ी संख्या में मकान बनाए हैं।

प्राधिकार (authority)

यह कार्य आपने किस प्राधिकार से किया है?

प्राधिकृत (authorised)

इन नियमों का प्राधिकृत हिन्दी अनुवाद आपको शीघ्र मिल जाएगा।

प्राध्यापक (lecturer)

मैं कॉलेज में अर्थ-शास्त्र के प्राध्यापक के रूप में कार्य कर रहा हूं।

प्राप्त (received, obtained)

1. आपका पत्र प्राप्त हुआ।

2. दिल्ली से बाहर जाने के लिए मैंने अनुमति प्राप्त कर ली है।

प्राप्ति (receipt)

मैंने पत्र की प्राप्ति की सूचना भेज दी है।

प्राप्य (obtainable)

यह पुस्तक बाज़ार में प्राप्य नहीं है।

प्रामाणिक (authentic, authoritative)

1. यह सूचना प्रामाणिक है, मैंने विभाग के सचिव से प्राप्त की है।

2. क़ानूनों का प्रामाणिक हिन्दी पाठ (text) गजट में प्रकाशित किया जा रहा है।

प्राय: (usually)

इन छोटी-छोटी बातों की ओर लोग प्राय: ध्यान नहीं देते जब कि इनका भी अपना महत्त्व है।

प्रारम्भ (start, beginning)

प्रारम्भ में मैं छोटे-छोटे पत्र हिन्दी में लिख रहा हूं, उसमें मुझे कोई कठिनाई

महसूस नहीं होती !

प्रारम्भिक (initial, elementary)

प्रारम्भिक अवस्था में छोटी-मोटी ग़लतियों से घबराने की आवश्यकता नहीं है।

प्रारूप (draft)

उत्त र का प्रारूप तैयार है, फ़ाइल पर प्रस्तुत किया जा रहा है।

प्रार्थना (request, prayer)

आपसे प्रार्थना है कि मेरे छोटे भाई के विवाह के अवसर पर 15 दिन की छुट्टी देने की कृपा करें।

प्रार्थनापत्र (application)

कृपया मेरे प्रार्थना-पत्र पर सहानुभूतिपूर्वक विचार करें।

प्रार्थित (solicited)

इस समारोह में आपकी उपस्थिति प्रार्थित है।

प्रार्थी (applicant)

निवेदन यह है कि प्रार्थी की यह धनराशि शीघ्र मंजूर की जाए।

प्रावधान (provision)

इन नियमों में इस बात का प्रावधान है कि सरकार जनहित में किसी भी ज़मीन को उचित मुआवज़ा देकर ले सकती है।

प्रासंगिक (incidental)

बाहर से माल मंगाने पर उस पर प्रासंगिक व्यय इतना अधिक हो जाता है कि फिर वह स्थानीय माल की अपेक्षा महंगा पड़ता है।

प्रिय (dear)

किसी ग़ैर-सरकारी व्यक्ति को या फ़र्म की ओर से पत्र लिखते समय संबोधन में 'प्रिय महोदय' लिखा जाता है।

प्रेक्षक (observer)

अरब-इजरायली युद्ध के बाद संयुक्त राष्ट्र संघ की ओर से यह देखने के लिए प्रेक्षक नियुक्त किए गए थे कि कोई भी पक्ष युद्ध-विराम रेखा का उल्लंघन तो नहीं करता।

प्रेषक (sender, despatcher)

रजिस्ट्री पत्रों में प्रेषक का भी नाम तथा पूरा पता लिखा जाता है।

प्रेषण (despatch)

बाहर जाने वाली डाक प्रेषण रजिस्टर में दर्ज करके भेजी जाती है।

प्रेषित (despatched)

वह पत्र कल ही प्रेषित कर दिया गया था।

प्रेषिती (consignee)

यह माल एक महीने पूर्व भेजा गया था, प्रेषिती को मिल गया होगा।

प्रेरणा (inspiration)

ऊपर के अधिकारी काम में जितनी रुचि लेंगे, उनके अधीन कर्मचारियों को भी उतनी ही लगन से काम करने की प्रेरणा मिलेगी।

प्रेरित (inspired, prompted)

यह काम सेवा की भावना से प्रेरित होकर ही किया गया है, इसमें किसी का स्वार्थ नहीं है।

प्रोत्साहन (encouragement, incentive)

1. नये लघु उद्योग लगाने के लिए राज्य सरकार अनेक प्रकार से प्रोत्साहन दे रही है।

2. अधिक उत्पादन करने वाले मजदूरों को विशेष प्रोत्साहन राशि दी जाती है।

फटकार (rebuke)

जिन लड़कों ने कल अभद्र व्यवहार किया था उनपर स्कूल में बड़ी फटकार पड़ी।

फटा (torn)

यह फटा नोट है, बाज़ार में चल नहीं पाएगा।

फ़र्क़ (difference)

इस कपड़े और उस कपड़े की क्वालिटी में बड़ा फ़र्क़ है।

फ़रार (abscond)

क़त्ल करने का संदेह जिन व्यक्तियों पर किया जा रहा है वे फ़रार हैं।

फ़र्ज़ी (ficticious)

उसने यह यात्रा की ही नहीं, यात्रा-भत्ता का फ़र्ज़ी दावा प्रस्तुत किया है।

फल (outcome, result, fruit)

1. आपने इस काम में इतनी मेहनत की है, लेकिन उसका क्या फल निकला।

2. परीक्षा-फल आज घोषित किया गया है, मैं प्रथम श्रेणी में उत्तीर्ण हो गया हूं।

3. इस मौसम में कई तरह के स्वादिष्ट फल मिलते हैं।

फसल (crop, harvest)

1. वर्षा से गेहूं की फसल को बहुत नुकसान पहुंचा है।

2. इस समय फ़मल की कटाई हो रही है, सभी किसान उसमें व्यस्त हैं।

फ़लस्वरूप (consequently)

उसने अपनी पेंशन के काग़ज तैयार कराने के लिए काफ़ी समय पहले दौड़-

धूप शुरू कर दी थी, फलस्वरूप उसे पेंशन की मंजूरी रिटायर होने के अगले दिन ही मिल गई।

फसली (seasonal)

यह फसली फल है, बारह महीने नहीं मिलता।

फहराना (to hoist)

पन्द्रह अगस्त को प्रधान मंत्री जी लाल किले पर राष्ट्रीय झंडा फहराएंगे।

फुसफुसाना (to whisper)

कल की बैठक में सदस्यों ने इस प्रस्ताव का खुलकर तो विरोध नहीं किया लेकिन वे फुसफुसाकर एक-दूसरे को इसके विरुद्ध अपनी राय बता रहे थे।

फिलहाल (for the time being)

इस पद पर स्थायी नियुक्ति करने में काफ़ी देर लग जाएगी, अतः फ़िलहाल इसे तदर्थ (ad hoc) आधार पर भरने की अनुमति दे दी जाए।

फ़ी सदी (per cent)

बैंठक में पांच साल से अधिक मियाद वाली रक़म पर दस फी सदी तक ब्याज मिल जाता है।

फुरसत (leisure)

कार्यालय के अलावा मुझे कई और काम भी रहते हैं, इसलिए रविवार को भी फुरसत नहीं रहती।

फूट (discord, rift)

कार्यकर्ताओं में स्वार्थवृत्ति पनपने पर संस्थाओं में फूट पड़ने लगती है।

फेंकना (to throw, to waste)

1. भाला फेंकने की प्रतियोगिता में वह सर्वप्रथम रहा।
2. इस जमीन में कुछ भी नहीं उग सकेगा। इसमें खेती कराकर आप अपना रुपया बेकार फेंक रहे हैं।

फेरा (going round)

मैं लेखा कार्यालय के कई फेरे लगा चुका हूं तब भी बिल का भुगतान नहीं मिल पाया है।

फैलाना (to spread)

असामाजिक तत्त्वों ने ऐसी अफवाहें फैला दीं कि कई जगह दंगा हो गया।

फ़ैसला (decision)

बोनस की दर बढ़ाने का फ़ैसला हो चुका है, उसकी घोषणा कुछ दिन बाद की जाएगी।

फ़ौज (army)

शत्रु की फ़ौज के पास काफ़ी हथियार थे लेकिन उसे हार खानी पड़ी।

फ़ौरन (immediately)

माताजी सख़्त बीमार हैं आप फ़ौरन चले आइए।

फ़ौलाद (steel)

अब देश में फ़ौलाद (इस्पात) के अनेक कारख़ाने हैं।

बंटवारा (division, partition)

1. अभी तक वे संयुक्त परिवार के रूप में रह रहे थे, अब उन्होंने बंटवारा कर लिया है।

2. इस फ़र्म में कई साझीदार थे, अब उनका बंटवारा हो गया है।

बग़ावत (revolt)

पड़ोसी देश में सशस्त्र बग़ावत के कारण सरकार बदल गई है।

बंदोबस्त (arrangement, settlement)

1. आप चिंता न कीजिए, मैं आपके दौरे के संबंध में सभी बन्दोबस्त कर दूंगा।

2. बन्दोबस्त अधिकारी ने हमारी ज़मीन के बारे में अपना निर्णय दे दिया है।

बंधक (mortgage)

उसे लड़की के विवाह के अवसर पर अपनी ज़मीन बंधक रखकर ऋण लेना पड़ा।

बंध पत्र (bond)

मकान बनवाने के लिए ऋण देते समय ज़मानत का बंध-पत्र भरवा लिया गया है।

बकाया (balance, arrears)

1. ऋण की बकाया राशि का कृपया शीघ्र भुगतान करें।

2. मेरे पास काफ़ी काम बकाया पड़ा है, उसे निपटाने का प्रयत्न कर रहा हूं।

बचाना (to protect)

नगर को बाढ़ से बचाने के लिए नदी के किनारे बांध बनाया जा रहा है।

बचाव (safety, defence)

1. दुर्घटनाओं को रोकने के लिए बचाव के अनेक उपाय किए जा रहे हैं।

2. बचाव पक्ष के वकील ने कहा कि घटना वाले दिन अभियुक्त उस नगर में मौजूद ही नहीं था।

बढ़ना (to advance, to grow)

1. पिछले युद्ध में भारतीय सेना तेज़ी से आगे बढ़ती चली गई।

2. उम्र के साथ बच्चे का क़द बढ़ता जाता है।

बढ़ावा (encouragement)

उसे अपने अधिकारियों से बढ़ावा मिलता रहा, तो वह भी मन लगाकर अपना काम करता रहा।

बट्टा (discount)

यह माल कुछ घटिया क़िस्म का है, अतः बट्टे पर मिल रहा है।

बट्टे खाते में डालना (to write off)

यह राशि काफ़ी समय से वसूल नहीं हो पा रही है, अतः इसे बट्टे खाते में डाल दी जाए।

बदलना (to replace, to change)

1. मैं अपनी मोटरकार बदलने का विचार कर रहा हूं।

2. अयोध्या जाने के लिए आपको यहां से गाड़ी बदलनी होगी।

बदली (transfer)

मेरी बदली कलकत्ता होने वाली है।

बधाई (congratulations)

प्रथम पुरस्कार पाने पर आपको हार्दिक बधाई।

बधिर (deaf)

बधिर बच्चों के लिए अलग स्कूल खोला गया है।

बनाना (to make)

यह माल भारत में ही बना है।

बनाम (versus)

इस मुक़दमे का शीर्षक है "सरकार बनाम राजेन्द्रसिंह।"

बयान (statement)

उसने जो बयान पुलिस को दिया है उससे मालूम होता है कि इस अपराध में और कई व्यक्ति शामिल हैं।

बयाना (earnest money)

टेंडर के साथ 500 रु० बयाना के रूप में जमा कराने ज़रूरी हैं, तभी टेंडर पर विचार किया जा सकेगा।

बराबर (equal)

पुरस्कार राशि दोनों व्यक्तियों में बराबर बांट दी जाए।

बर्ख़ास्तगी (dismissal)

वह पिछले एक साल से कार्यालय में अनधिकृत रूप से अनुपस्थित है, इसलिए

उसकी बर्ख़ास्तगी के आदेश जारी कर दिए गये हैं।

बर्ताव (treatment, behaviour)

सभी के साथ अच्छा बर्ताव करना चाहिए।

बलवा (riot, disturbance)

नगर में जो बलवा हुआ उसमें कई व्यक्ति मारे गये।

बलात (forcibly)

डाकुओं ने बस लूट ली और यात्रियों का मूल्यवान सामान बलात ले गये।

बलिदान (sacrifice)

अनेक व्यक्तियों के बलिदान का फल है कि देश को स्वाधीनता मिली।

बशर्ते कि (provided that)

मकान बनवाने के लिए आपको 25 हज़ार रु० के ऋण की मंज़ूरी दे दी जाएगी बशर्ते कि आप इस बात का प्रमाण एक सप्ताह के भीतर दे दें कि जिस ज़मीन पर आप मकान बनवाना चाहते हैं उसके मालिक आप ही हैं और वह ज़मीन किसी को गिरवी नहीं रखी गई है।

बसना (to live, stay, reside)

अनेक शरणार्थी इस गांव में आ बसे हैं।

बहकाना (to mislead)

स्वार्थी लोग अनपढ़ किसानों को बहका रहे थे।

बहस (discussion, debate)

1. काफ़ी बहस के बाद यह फ़ैसला हो गया है कि हड़ताल ख़त्म होने पर सभी मज़दूरों को वापस काम पर ले लिया जाएगा।

2. संसद में कल बजट पर बहस होगी।

बहाना (an excuse)

काम से बचने वाला व्यक्ति काम न करने का कोई-न-कोई बहाना ढूंढ़ लेता है।

बहुत (much)

मेरे पास बहुत काम है।

बहुतायत (abundance, plenty)

समुद्र के किनारे नारियल बहुतायत से होता है।

बहाल करना (reinstate)

उसे नौकरी से निलम्बित कर दिया गया था, जांच के बाद अब बहाल कर दिया गया है।

बहीखाता (account book)

आयकर अधिकारी ने फ़र्म को कहा है कि वह अपने बहीखाते अगले सप्ताह

प्रस्तुत करे।

बहुतला (multi-storeyed)

अब सभी बड़े नगरों में बहुतला इमारतें बनती जा रही हैं।

बहुमत (majority)

1. विधान सभा या लोकसभा में जिस दल का बहुमत होता है उसी दल की सरकार बनती है।

2. भूमि-सीमा संबंधी विधेयक भारी बहुमत से पास हो गया।

बहूद्देश्यीय (multipurpose)

पंचवर्षीय योजनाओं में कई बहूद्देश्यीय प्रोजेक्ट रखे गये हैं जिनके द्वारा नदी पर बांध बनाने के साथ सिंचाई, बाढ़-नियन्त्रण तथा बिजली उत्पादन का काम हो सकेगा।

बांटना (to distribute)

बाढ़-पीड़ितों को मुफ़्त खाना बांटा गया।

बांध (dam)

भाखड़ा बांध सतलज नदी पर बनाया गया है।

बाक़ी (remaining, balance)

1. लिखित परीक्षा में सफल हुए उम्मीदवारों में से अधिकांश का इंटरव्यू हो चुका है, बाक़ी लोगों को बुलाया जा रहा है।

2. बैंक में मेरे हिसाब में 200 रु० से अधिक राशि बाक़ी है।

बात (talk, matter)

1. इस बारे में मैं आपसे मिलकर बात कर लूंगा।

2. क्या बात है, आप बहुत समय से दिखाई नहीं देते।

बातचीत (negotiation)

सीमा-विवाद को सुलझाने के लिए दोनों देशों ने परस्पर बातचीत शुरू कर दी है।

बाद (after)

मैं आपसे एक महीने बाद फिर मिलूंगा।

बाधा (obstruction)

कई लोग अच्छे काम में भी बाधा डालते हैं।

बाधित (barred)

इस निर्णय के विरुद्ध अपील एक महीने के भीतर ही की जा सकती थी। अब मामला काल-बाधित (time barred) हो चुका है।

बाध्य (bound to, obliged)

मैं आपके बुलाने पर आने के लिए बाध्य नहीं हूं।

बाध्यकर (obligatory)

कुछ देशों में नवयुवकों के लिए कुछ वर्ष की सैनिक सेवा बाध्यकर है।

बाबत (about, regarding, against)

1. आप किस मामले की बाबत बात कर रहे हैं।

2. मैंने आपको स्कूल की सफ़ाई की बाबत लिखा था।

3. हमारा बिल 250 रु० का था, उसकी बाबत हमें अभी केवल 100 रु० का ही भुगतान मिला है।

बार-बार (again and again, repeatedly)

बार-बार चेतावनी दिए जाने पर भी वह कार्यालय में समय पर नहीं आ रहा है, अब उसके विरुद्ध अनुशासनिक कार्रवाई की जा रही है।

बारी (turn)

अभी मैं जूनियर हूं, पदोन्नति की बारी आने में देर लगेगी।

बाल-विवाह (child-marriage)

अब बाल-विवाह की प्रथा काफ़ी समाप्त हो चुकी है।

बावजूद (in spite of)

धमकियों के बावजूद वह अपने कर्तव्य से नहीं डिगा।

बाह्य (outside)

बाह्य आक्रमणों का मुक़ाबला करने के लिए भारत पूरी तरह तैयार है।

बिकाऊ (for sale)

समाचार-पत्र में बिकाऊ सामान के सम्बन्ध में कई विज्ञापन प्रकाशित हुए हैं।

बिक्री (sale)

बिक्री कर (sale tax) से राज्य सरकारों को करोड़ों रुपये की आमदनी होती रही है।

बिगाड़ना (to spoil)

समझदार व्यक्ति पड़ौसी से अपने सम्बन्ध कभी नहीं बिगाड़ते।

बिदाई (farewell)

हमारे सहयोगी का जब तबादला हुआ तो हमने उन्हें भावभीनी बिदाई दी।

विधि (law)

इस मामले पर विधि मंत्रालय की राय ले ली गई है।

बिनपारी (out of turn)

आपको सरकारी मकान का अलाटमेंट बिन पारी नहीं हो सकेगा।

बिलकुल (absolutely, quite)

यह बिलकुल सही बात है कि इस दुर्घटना में किसी का कोई नुकसान नहीं हुआ।

बीच (middle, between)

1. नाव नदी के बीच डूब गई।

2. मेरठ और दिल्ली के बीच केवल दो घंटे का रास्ता है।

बीजक (invoice)

फ़र्म ने माल रेलगाड़ी से भेजकर उसका बीजक डाक से भेज दिया है।

बीजांक (cypher)

गुप्त संदेश बीजांक तार द्वारा भेजा जाता है, सीधी भाषा के तार द्वारा नहीं।

बीमा (insurance)

जीवन बीमा के प्रीमियम की दरें अब पहले की अपेक्षा काफ़ी कम कर दी गई हैं।

बीमारी (disease, sickness)

1. बाढ़ के बाद आमतौर पर हैज़े की बीमारी फैलने का डर रहता है, इसलिए उसकी रोकथाम के उपाय किए जाने चाहिए।

2. वह एक महीने की बीमारी के बाद काम पर आया है।

बुद्धिमान (intelligent)

बुद्धिमान लड़के यदि मेहनत न भी करें तो उंन्हें परीक्षा में बहुत अच्छे अंक प्राप्त होते हैं।

बुनियादी (basic, fundamental)

बुनियादी सिद्धान्तों पर कभी किसी से समझौता नहीं करना चाहिए, कितनी भी कठिनाइयां आएं उन पर अड़े रहना चाहिए।

बुलाना (to call for, send for)

कार्यालय में जरूरी काम आ पड़ा, उसे निपटानें के लिए स्टाफ़ को घर से बुलाया गया।

बेतार (wireless)

समुद्र में तूफ़ान आने से जहाज संकट में पड़ गया और उसने सहायता के लिए बेतार द्वारा सन्देश भेजा।

बेदख़ल (evict)

जिन व्यक्तियों ने सरकारी भूमि पर अनधिकृत कब्जा कर लिया है उन्हें वहां से बेदख़ल किया जा रहा है।

बेबाकी पत्र (no demand certificate)

रिटायर होने पर पेंशन तभी मंज़ूर की जाएगी जब विभिन्न कार्यालयों से बेबाकी पत्र प्राप्त हो जाएगा और यह संतुष्टि कर ली जाएगी कि रिटायर होने वाले व्यक्ति की ओर कोई राशि बकाया नहीं है।

बेबुनियाद (baseless)

विरोधी दल के नेता ने जो भी आरोप लगाए हैं वे सब बेबुनियाद हैं।

बैठक (meeting)

कार्यसमिति की बैठक में चुनाव घोषणा-पत्र पर विचार हुआ और उसे अंतिम रूप दे दिया गया।

ब्याज (interest)

जो धनराशि बैंक में 5 वर्ष से अधिक अवधि के लिए जमा की जाती है उस पर ब्याज 10 प्रतिशत की दर से मिलता है।

ब्यौरा (detail)

आपने इस परियोजना के लिए 2 लाख रुपये की मंजूरी मांगी है। कृपया परियोजना पर होने वाले ख़र्च का ब्यौरा भी भेजें।

ब्यौरेवार (in detail)

दौरे से लौटने के बाद मैंने अपनी रिपोर्ट ब्यौरेवार पेश की है।

भंग (dissolution, disbandment)

1. उत्तर प्रदेश की विधान सभा भंग कर दी गई है, इसके लिए नये चुनाव अगले महीने होंगे।

2. केन्द्रीय रिज़र्व पुलिस की दो बटालियन भंग की जा रही हैं।

भंडाफोड़ (exposure)

परिवहन विभाग में सामान की ख़रीद के सिलसिले में काफ़ी भ्रष्टाचार चल रहा था। उसका हाल ही में भंडाफोड़ हुआ है।

भग्न (broken, shattered)

1. उपद्रवकारियों ने सभा भग्न कर दी।

2. परीक्षा में असफल होने से उसके सुनहरे सपने भग्न हो गए।

भग्नावशेष (ruins)

पुरातत्त्व विभाग ने कई स्थानों पर खुदाई करके प्राचीन इमारतों के भग्नावशेषों का पता लगाया है।

भड़कना (to get provoked)

स्थानीय नेताओं की अचानक गिरफ़्तारी का समाचार सुनकर भीड़ भड़क गई।

भत्ता (allowance)

महंगाई बढ़ने के कारण महंगाई भत्ता बढ़ा दिया गया है।

भद्र (gentle)

भद्र पुरुष सभी से नम्रता का व्यवहार करते हैं।

भरोसा (confidence, trust)

मुझे पूरा भरोसा है कि आप इस काम को योग्यतापूर्वक और जल्दी निपटा सकेंगे।

भर्त्सना (reproach, reprimand)

उसके अभद्र व्यवहार के संबंध में सभी ने उसकी भर्त्सना की।

भर्ती (recruitment)

भर्ती के लिए जो विज्ञापन प्रकाशित हुआ है उसके अनुसार आवेदन देने की अन्तिम तारीख़ 30 नवम्बर रखी गई है।

भवदीय (yours faithfully)

औपचारिक रूप से लिखे गये पत्रों के अन्त में 'भवदीय' शब्द लिखकर पत्र लिखने वाला अपने हस्ताक्षर करता है।

भविष्य (future)

आपने जो सलाह दी है उसका भविष्य में ध्यान रखा जाएगा।

भविष्य निधि (provident fund)

पुत्री के विवाह के लिए मैं अपने भविष्य निधि खाते से पांच हज़ार रुपये निकाल रहा हूं।

भव्य (grand)

भारत में जब.........देश के राष्ट्रपति आए तो उनका भव्य स्वागत किया गया।

भाई-भतीजावाद (nepotism)

सभी इस बात से सहमत हैं कि सरकारी पदों पर नियुक्तियों में भाई-भतीजावाद नहीं चलना चाहिए और सभी नियुक्तियां उम्मीदवारों के गुणों के आधार पर होनी चाहिए।

भाग (part, participate)

1. अंडमान-निकोबार द्वीपसमूह भारत का दक्षिण-पूर्वी भाग है।
2. इस सम्मेलन में कई राज्यों के प्रतिनिधि भाग ले रहे हैं।

भागना (run, escape)

1. उसने भागकर गाड़ी पकड़ ही ली।
2. आगरा जेल से कई क़ैदी भाग निकले।

भाग्य (destiny, luck)

सफलता के लिए परिश्रम करना आवश्यक है, केवल भाग्य के भरोसे बैठे रहना उचित नहीं।

भाड़ा (freight, fare, rent)

1. इस माल का भाड़ा चुका दीजिए।
2. इस वर्ष रेलवे ने विभिन्न वस्तुओं के भाड़े में काफ़ी वृद्धि कर दी है।
3. मकान का भाड़ा 200 रुपये प्रतिमास है।

भंडागार निगम (warehousing corporation)

भंडागार निगम की ओर से खाद्यान्न रखने के लिए अनेक नगरों में भंडार बनाए गये हैं।

भार (weight, load)

1. ट्रक में कितना भार है उसे तोल लीजिए, उसके अनुसार भाड़ा लगेगा।
2. मुझ पर काम का बड़ा भार है।

भारग्रहण (assumption of charge)

छुट्टी से लौटने के बाद उप-निदेशक ने कल अपने पद का भारग्रहण कर लिया है।

भारमुक्त (relieved)

उसका पटना के लिए स्थानांतरण हो गया है, इसलिए उसे इस कार्यालय से आज भारमुक्त कर दिया गया।

भारी उद्योग (heavy industry)

बड़ी मशीनें बनाने के लिए देश को भारी उद्योगों की भी आवश्यकता है।

भाव (sentiment, quotation, rate)

1. आपने जो भाव प्रकट किए हैं उनका मैं आदर करता हूं।
2. कार्यालय के लिए जो फ़र्नीचर ख़रीदा जाना है उसके लिए 6-7 फर्मों से भाव मंगा लिये जाएं।
3. इस वर्ष चीनी का उत्पादन कम हुआ है इसलिए बाज़ार में उसका भाव बढ़ गया है।

भावना (feeling, spirit)

1. किसी भी काम को करते समय इस बात का ध्यान रखना चाहिए कि किसी की भावना को अकारण ठेस न लगे।
2. यह कार्रवाई नियमों की भावना के विपरीत है।

भावात्मक (emotional)

यदि देश के एक भाग के लोग अन्य क्षेत्र की भाषाओं का भी अध्ययन करें तो यह देश की भावात्मक एकता को सुदृढ़ बनाने में सहायक होगा।

भावार्थ (gist)

इस पत्र का पूरा अनुवाद कराने की आवश्यकता नहीं है, केवल मुझे इसका भावार्थ बता दीजिए।

भिन्न (different, separate)

1. इस कालिज में भिन्न-भिन्न प्रदेशों के विद्यार्थी हैं लेकिन सब हिल-मिलकर रहते हैं।

2. जो डाक कार्यालय में प्राप्त होती है उसे छांटकर भिन्न-भिन्न अनुभागों के ख़ानों में रख दिया जाता है।

भीतर (inside, within)

1. इस कमरे के भीतर कोई सामान नहीं है।

2. कृपया इस पत्र का जवाब एक महीने के भीतर अवश्य भेज दें।

भुगतना (suffer)

उसने यह धमकी दी है कि यदि उसके कहने के अनुसार काम नहीं किया गया तो उसका भयंकर परिणाम भुगतना पड़ेगा।

भुगतान (payment)

हमारे बिल का भुगतान अभी तक नहीं हो पाया है।

भूतपूर्व (former)

यह निर्णय भूतपूर्व मंत्री द्वारा लिया गया था।

भूमिका (role)

इस वार्ता को सफल बनाने के लिए श्री..............की भूमिका महत्त्वपूर्ण रही है।

भूल (error)

यह हिसाब आपको भेज रहा हूं, भूल-चूक लेनी देनी।

भूलना (forget)

पीछे जो ग़लतियां हुई हैं उसे कृपया भूल जाइए। भविष्य में ऐसी ग़लती नहीं होगी।

भू-विज्ञान (geology)

भारतीय भू-विज्ञान द्वारा कई नयी खानों का पता लगाया गया है।

भेंट (gift/present, to meet)

1. यह घड़ी मुझे जन्म दिन पर भेंट की गई थी।

2. मंत्री जी ने कल दोपहर बाद 3-00 बजे भेंट का समय दिया है।

भेद (secret, difference)

1. कृपया ध्यान रखें कि यह भेद किसी पर प्रकट न होने पाये।

2. इस मामले में किसी के साथ भेद-भाव नहीं होना चाहिए, निष्पक्ष निर्णय

करने की आवश्यकता है।

भ्रम (misunderstanding)

मैं उनसे आकर मिला और इस सम्बन्ध में जो भ्रम था उसे दूर करने का प्रयत्न किया।

भ्रष्ट (corrupt)

सरकार द्वारा प्रयत्न किया जा रहा है कि भ्रष्ट व्यक्तियों के विरुद्ध कड़ी कार्रवाई की जाए।

भ्रष्टाचार (corruption)

जनता से अपील कीं गई है कि वे भ्रष्टाचार को मिटाने में अपना सहयोग प्रदान करें।

मंच (dais, forum)

1. सभा के मंच पर अध्यक्ष के अलावा अन्य पदाधिकारी भी बैठे हैं।

2. इस प्रस्ताव को रखने के लिए यह मंच उचित नहीं है।

मंडल (division-asterritorial unit, divisional)

मंडल इंजीनियर (तार) ने आश्वासन दिया है कि मुझे इस सप्ताह टेलीफोन का कनैक्शन मिल जाएगा।

मंत्रालय (ministry)

अभी यह प्रस्ताव वित्त मंत्रालय ने नहीं माना है।

मंत्री (minister)

कृषि मंत्री राज्यों के मुख्य मंत्रियों का सम्मेलन बुला रहे हैं जिसमें खाद्यान्नों की ख़रीद के बारे में विचार होगा।

मंज़ूर (sanctioned, granted)

मुझे दो महीने की अर्जित छुट्टी मंजूर कर दी गई है।

मंद (slow)

इस सड़क को बनाने का काम बहुत मंद गति से चल रहा है।

मंसूख (cancel)

पिछले सप्ताह दो अधिकारियों के स्थानांतरण के आदेश हुए थे, उन्हें मंसूख कर दिया गया है।

महंगाई (dearness)

महंगाई बढ़ने पर महंगाई भत्ता भी बढ़ा दिया गया है।

मग्न (engrossed)

वह अपने काम में इतना मग्न था कि उसे आसपास की घटनाओं का पता ही नहीं चला।

मज़दूर (labourer)

कोयला ख़ानों में मज़दूरों की सुरक्षा के सम्बन्ध में और भी क़दम उठाए जा रहे हैं।

मज़दूरी (wages)

विभिन्न प्रकार के काम के लिए मज़दूरी की न्यूनतम दरें तय कर दी गई हैं।

मज़बूत (strong)

इस इमारत को बनाने में काफ़ी सीमेंट और लोहा लगा है, इसलिए यह काफ़ी मज़बूत है।

मज़मून (text—of a letter)

मैंने उन्हें इस पत्र का मज़मून टेलीफ़ोन पर पढ़कर सुना दिया है।

मत (opinion, vote)

1. मैं इस विषय पर अपना मत पहले ही प्रकट कर चुका हूं।

2. इस प्रस्ताव पर विधानसभा में आज मत लिया गया। प्रस्ताव बहुमत से पास हुआ।

मतदान (polling, voting)

विधानसभा के लिए जो निर्वाचन होने वाला है उसमें अगले सप्ताह मतदान होगा।

मतभेद (difference of opinion)

इस विषय पर दोनों पक्षों का काफ़ी मतभेद रहा है। काफ़ी प्रयत्नों के बाद भी उनमें अभी तक समझौता नहीं हो पाया है।

मतैक्य (unanimity)

कई दिन के प्रयत्नों के बाद अब इस बात पर दोनों दलों का मतैक्य हो गया है।

मद (item)

कार्यसूची की मद संख्या 5 पर विचार ही नहीं हुआ।

मदद (assistance, help)

नये उद्योग लगाने के लिए हमें अन्य किसी देश की मदद की ज़रूरत नहीं है।

मध्यम वर्ग (middle class)

बढ़ती महंगाई में मध्यम वर्ग के लोगों को विशेष कठिनाई का सामना करना पड़ रहा है।

मध्यस्थ (mediator)

यह विवाद काफ़ी पुराना है, इसे निपटाने के लिए मामला मध्यस्थ को सौंप

दिया गया है।

मनाना (persuade)

हम उन्हें मनाने का प्रयत्न कर रहे हैं कि वे इस कार्य में हमें सहयोग प्रदान करें।

मनोरंजन (entertainment, recreation)

सिनेमा टिकटों पर लगने वाला मनोरंजन कर 15 अप्रैल से बढ़ा दिया गया है।

मरम्मत (repair)

बिजली का पंखा काफ़ी पुराना है और इसमें मरम्मत की ज़रूरत है।

मर्मस्पर्शी (moving, touching)

1. बाढ़-पीड़ितों की सहायता के लिए प्रधानमंत्री जी ने मर्मस्पर्शी अपील की है।

2. दुर्घटना-स्थल का दृश्य बड़ा ही मर्मस्पर्शी था।

मर्यादा (decorum, dignity)

सभी संसद सदस्य इस बात का ध्यान रखते हैं कि सभा में कोई ऐसी कार्रवाई न हो जो संसद की मर्यादा को ठेस पहुंचाने वाली हो।

मसौदा (draft)

पत्र के उत्तर का मसौदा अनुमोदन के लिए प्रस्तुत है।

महत्त्व (importance)

यह मामला महत्त्वपूर्ण (important) है अतः इसे मंत्रिमंडल के सामने रखा जाएगा।

महत्त्वाकांक्षा (ambition)

जीवन में आगे बढ़ने की महत्त्वाकांक्षा तभी पूरी हो सकती है जब निरन्तर प्रयत्न भी किए जाएं।

महानिदेशक (Director General)

डाक-तार महानिदेशक ने घोषणा की है कि इस वर्ष देश में कई हज़ार नये डाक घर खोले जाएंगे।

महा लेखाकार (Accountant General)

महालेखाकार कार्यालय ने यात्राभत्ता बिल आपत्तियों के साथ वापस लौटा दिया है।

महाप्रबन्धक (General Manager)

कारख़ाने के महाप्रबंधक ने उत्पादन बढ़ाने के लिए ठोस क़दम उठाए हैं।

महासचिव (Secretary General)

संयुक्त राष्ट्र संघ के महासचिव अगले महीने भारत आने वाले हैं।

महोदय (a term of respect, Sir)

1. सचिव महोदय ने कल कई अनुभागों का निरीक्षण किया।

2. सरकारी पत्र के प्रारम्भ में सम्बोधन के रूप में 'महोदय' अथवा 'महोदया' लिखा जाता है।

महोदया (madam)

महोदया, हम आपके पत्र का उत्तर 26 मई को भेज चुके हैं।

मांग (demand)

इस वर्ष हिन्दी टाइपराइटरों की काफ़ी मांग रही है, इसको देखते हुए कंपनियों ने अधिक हिन्दी टाइपराइटर बनाने आरंभ कर दिये हैं।

मांग-पत्र (indent)

जब आप किसी सामान के लिए मांग-पत्र भेजें तो उसमें यह भी लिख दें कि बिल का भुगतान किस मद से किया जायेगा।

मांग-पर्ची (requisition slip)

स्टेशनरी मंगाने के लिए मांगपर्ची भेज दी गई है।

मातहत (subordinate)

यह देखना अधिकारी का कर्तव्य है कि उसके मातहत कर्मचारी कार्यालय में समय पर आ रहे हैं या नहीं।

मातृभाषा (mother tongue)

सरकार की यह नीति है कि विद्यार्थियों को प्रारम्भिक शिक्षा यथासंभव मातृभाषा में ही दी जाये।

मात्र (merely, only)

1. कुछ रुपये मात्र देने से काम नहीं चलेगा; हमें उसकी अन्य प्रकार से भी सहायता करनी होगी।

2. यह चैक 50 रुपये मात्र का है।

मात्रा (quantity)

पुलिस ने जब उस मकान की तलाशी ली तो उसमें से काफ़ी मात्रा में गोला-बारूद बरामद हुआ।

माध्यम (media, medium)

अनेक विश्वविद्यालयों में कई विषयों की शिक्षा हिन्दी माध्यम से दी जा रही है।

माध्यमिक (secondary)

माध्यमिक शिक्षा अब अधिकांश स्कूलों में भारतीय भाषाओं के माध्यम से दी जा रही है।

मान (scale, respect)

1. अध्यापकों का वेतनमान हाल ही में बढ़ाया गया है ।
2. उसने समाज की बड़ी सेवा की है इसलिए उसका सर्वत्र बड़ा मान होता है ।

मानक (standard)

भारतीय मानक संस्था ने विभिन्न वस्तुओं के मानक निर्धारित कर दिये हैं ।

मानदेय (honorarium)

उसने यह कार्य अपने अन्य कार्यों के अतिरिक्त किया था । इसे पूरा कर देने पर उसे 600 रुपये का मानदेय दिया गया है ।

मानना (to admit, to accept)

1. उसने अभी तक यह नहीं माना कि यह रुपया बैंक से उसने ही निकाला था ।
2. उसका प्रस्ताव अभी तक नहीं माना गया है ।

माननीय (honourable, revered)

संसद के माननीय सदस्यों ने इस बारे में कई पत्र लिखे हैं ।

मान लेना (accede to, agree)

मैं आपकी बात मान लेता हूं ।

मानार्थ प्रति (complimentary copy)

प्रकाशक ने मुझे इस पुस्तक की मानार्थ प्रति भेंट की है ।

मानहानि (defamation)

समाचारपत्र में उसके विरुद्ध जो ग़लत ख़बर छपी थी उसके संबंध में संपादक पर मानहानि का दावा किया गया है ।

मान्यता (recognition)

उन्हीं मज़दूर संघों को मान्यता दी जा सकती है जो नियमों में निर्धारित सभी शर्तें पूरी करते हों ।

मान्यता प्राप्त (recognised)

मान्यता प्राप्त स्कूलों को सरकार की ओर से अनुदान दिया जाता है ।

मामला (case, matter, subject)

यह मामला काफ़ी समय से विचाराधीन है, इस पर जल्दी निर्णय होना चाहिए ।

मामूली (ordinary)

इसमें मामूली मरम्मत होनी है, अधिक नहीं ।

मार्ग (route, way)

ग्वालियर जाने के लिए नया मार्ग बन गया है ।

मार्गदर्शन (guidance)

आपके मार्गदर्शन से यह कार्य सुचारु रूप से हो सकेगा ।

माल (goods)

इस वर्ष रेल द्वारा पहले की अपेक्षा अधिक माल ढोया गया ।

मालिक (owner, proprieter)

फ़र्म के मालिक को नोटिस दिया गया है कि वह आयकर का भुगतान शीघ्र करे ।

मासिक (monthly)

इस विभाग में सभी निदेशकों की मासिक बैठक बुलाई जाती है ।

माहवार (per mensem)

उसका वेतन 400 रुपये माहवार है ।

मितव्ययिता (economy, austerity)

सरकार का आदेश है कि सभी विभागों द्वारा खर्च में मितव्ययिता बरती जाए ।

मिथ्या (false, untrue)

विरोधी दल ने कई मिथ्या आरोप लगाये हैं, उनका उत्तर शीघ्र ही संसद में दिया जाएगा ।

मियाद (time limit)

इस निर्णय के विरुद्ध अपील 3 महीने के भीतर की जा सकती थी, वह मियाद अब निकल गई है ।

मिलान (comparison, reconciliation)

1. कृपया इस विवरण का पिछले सालों में प्राप्त हुए विवरण से मिलान करके देख लें कि इस महीने ख़र्च में कितनी वृद्धि या कमी हुई है ।

2. हिसाब में फ़र्क आ रहा है, कृपया मिलान कर लीजिए ।

मिलावट (adulteration)

खाद्य पदार्थों में मिलावट रोकने के लिए कड़ी कार्रवाई की जा रही है ।

मिसिल (file)

पुरानी मिसिल रिकार्ड रूम में नहीं मिल पायी है ।

मुअत्तल (suspension)

बिना छुट्टी लिये काफ़ी समय तक अनुपस्थित रहने के कारण उसे मुअत्तल कर दिया गया है ।

मुआयना (inspection)

यह तय हुआ है कि प्रत्येक राजपत्रित अधिकारी हर महीने कम-से-कम एक अधीनस्थ कार्यालय का मुआयना अवश्य किया करे ।

मुआवजा (compensation)

इस ओर सड़क बनाने के लिए सरकार ने जो ज़मीन ली है उसका मुआवज़ा गांव वालों को दे दिया गया है।

मुकदमेबाजी (litigation)

व्यर्थ की मुकदमेबाज़ी का कोई फ़ायदा नहीं होता।

मुख्य प्रशासन अधिकारी (chief administrative officer)

मुख्य प्रशासन अधिकारी ने आदेश दिये हैं कि श्री····· को पेंशन अनुभाग में लगा दिया जाये।

मुख्यालय (headquarters)

थल सेना मुख्यालय से जारी हुई विज्ञप्ति में बताया गया है कि···।

मुताबिक़ (according to)

नियम के मुताबिक़ आपको इतने रुपये की पेशगी नहीं दी जा सकेगी।

मुद्रणालय (printing press)

सरकारी मुद्रणालयों में छपाई का काम बढ़ता ही जा रहा है।

मुद्रा (currency, seal)

1. भारत का निर्यात निरन्तर बढ़ता जा रहा है इसलिए अब विदेशी मुद्रा की समस्या पहले जैसी नहीं है।

2. इस पत्र पर सरकारी मुद्रा लगी हुई है।

मुद्रास्फीति (inflation)

मुद्रास्फीति होने से चीज़ों की क़ीमतें बढ़ती हैं और उस महंगाई से सभी को परेशानी होती है।

मुफ्त (free of charge)

सरकारी अस्पतालों में ग़रीबों का इलाज मुफ़्त होता है।

मुलाक़ाती (visitor)

उच्च अधिकारियों से मिलने प्रतिदिन अनेक मुलाक़ाती आते हैं।

मुल्तवी (postponed)

यह बैठक कुछ समय के लिए मुल्तवी कर दी गई है।

मूल (original, fundamental, substantive)

1. इस पत्र की मूल प्रति आपके पास ही है।

2. मूल नियमों के अनुसार पदोन्नति होने पर उसे एक वेतन वृद्धि मिल सकेगी।

3. उसका मूल पद सहायक निदेशक का है, लेकिन इस समय वह स्थानापन्न रूप से उप निदेशक के पद पर कार्य कर रहा है।

मूल्य (value, price)

इस पुस्तक का कितना मूल्य है ?

मूल्यवान (valuable)

हम आपकी मूल्यवान सलाह के लिए आभारी हैं।

मूल्य सूचक अंक (price index)

पिछले तीन महीनों से मूल्य सूचक अंक बराबर बढ़ता जा रहा है।

मूल्यह्रास (depreciation)

आयकर के प्रयोजन के लिए मशीनरी पर प्रतिवर्ष 10 प्रतिशत का मूल्य-ह्रास दिया जाता है।

मूल्यांकन (valuation, evaluation, assessment)

1. कर-निर्धारण के लिए इस सम्पत्ति का मूल्यांकन कराया जा रहा है।

2. इस योजना के अनुसार अब तक कितना काम हुआ है और उसका क्या लाभ हुआ है, इसका मूल्यांकन होना चाहिए।

3. शिक्षा के प्रसार के संबंध में जो लक्ष्य तय किये गये थे, वे कहां तक पूरे हुए हैं और कितनी कमी रही, इसके विषय में मूल्यांकन रिपोर्ट प्रस्तुत की जा रही है।

मृत (deceased)

मृत व्यक्ति की अभी तक पहचान नहीं हो सकी।

मृत्यु-सह-निवृत्ति-उपादान (death-cum-retirement gratuity)

सरकारी कर्मचारियों को नौकरी से रिटायर होने पर पेंशन के अलावा मृत्यु-सह-निवृत्ति-उपदान भी मिलता है।

मोहर (stamp, seal)

1. रबड़ की मोहर हिन्दी-अंग्रेज़ी में बनवाना ज़रूरी है।

2. वही टेंडर स्वीकार किये जाएंगे जो मोहरबंद लिफ़ाफे में दिये जाएंगे।

मौखिक (oral, viva voce)

लिखित परीक्षा पिछले सप्ताह हो चुकी है, मौखिक परीक्षा कल होगी।

मौलिक (original)

इतना ही काफ़ी नहीं है कि हिन्दी में प्राप्त हुए पत्रों के उत्तर हिन्दी में दिये जाएं, प्रयत्न यह होना चाहिए कि अधिकाधिक मौलिक कार्य भी हिन्दी में किया जाएं।

मूल पद वेतन (substantive pay)

उसका मूल पद वेतन 800 रुपये प्रतिमास है, स्थानापन्न पद पर उसे एक हज़ार रुपये प्रतिमास मिल रहे हैं।

मौसम कार्यालय (meteorological office)

मौसम कार्यालय तूफ़ान, वर्षा आदि की सूचना काफ़ी समय पूर्व देने की कोशिश करता है।

यंत्र (machine)

पहले लगभग सभी यंत्र विदेशों से मंगाए जाते थे, अब अधिकांश भारत में ही बनने लगे हैं।

यांत्रिक (mechanical)

इंजीनियरी की परीक्षा पास करने के बाद उसे रेलवे में यांत्रिक इंजीनियर की नौकरी मिल गई है।

यत्न (effort, endeavour)

आप अपने कार्यालय का नया काम मन लगाकर सीखने का यत्न करें जिससे एक-दो महीने बाद आप इस शाखा का कार्यभार स्वतंत्र रूप से संभाल सकें।

यथा निदेशित (as directed)

यथा निदेशित (निदेश के अनुसार) कार्रवाई की जा रही है।

यथापूर्व स्थिति (status quo)

वर्तमान पद्धति को बदलना मुनासिब नहीं समझा गया है। अभी यथापूर्व स्थिति ही रहने दी जाएगी।

यथा प्रस्तावित (as proposed)

यथा प्रस्तावित कार्रवाई की जाए।

यथार्थ (actual, real)

1. आमदनी का अनुमान वास्तविकता से अधिक लगाया गया मालूम होता है, यथार्थ को सामने रखकर योजना बनाई जाएगी तभी ठीक रहेगा।

2. इस मामले की यथार्थ स्थिति अब मालूम हो सकी है।

यथासमय (in due course)

इस मामले में जो निर्णय लिया जाएगा उसकी सूचना आपको यथासमय दे दी जाएगी।

यथासम्भव (as far as possible)

सभी पत्रों के उत्तर यथासम्भव एक सप्ताह के भीतर चले जाने चाहिए।

यथेष्ट (adequate, sufficient)

अब बाज़ार में सीमेंट यथेष्ट मात्रा में मिल रहा है, उसके लिए परमिट आदि की आवश्यकता नहीं पड़ती।

यथोचित (appropriate, suitable, proper)

आपका पत्र सम्बन्धित विभाग को यथोचित कार्रवाई के लिए भेज दिया

गया है।

यदि (if, in case)

यदि आपको मेरे सहयोग की आवश्यकता हो तो पत्र लिख दें या टेलीफ़ोन पर बता दें।

यद्यपि (although)

यद्यपि समारोह की सभी तैयारियां पूरी हो चुकी थीं, कारणवश उसे अचानक स्थगित कर देना पड़ा।

यश (fame)

अनेक भारतीय वैज्ञानिकों ने अपनी प्रतिभा के बल पर विदेशों में भी यश प्राप्त किया है।

यहां (here)

आप यहां क्या कर रहे हैं, कृपया अपनी सीट पर जाकर काम कीजिए।

याचिका (petition)

जिन व्यक्तियों की झुग्गियां गिराई जाने वाली थीं उन्होंने इस कार्रवाई को रोकने के लिए मुख्यमंत्री को अपनी याचिका प्रस्तुत की।

यातायात (traffic)

अब सभी नगरों में यातायात बढ़ता जा रहा है।

यात्रा (journey, travel)

यह यात्रा सरकारी काम से की गई थी। यात्रा-भत्ता बिल प्रस्तुत है।

यात्री (passenger, traveller)

1. यात्रियों की सुविधा के लिए इस वर्ष कई नई रेलगाड़ियां शुरू की जा रही हैं।

2. विदेशों से आनेवाले यात्रियों के लिए कई नये होटल बने हैं।

याद (remember, memory)

1. जहां तक मुझे याद है इस विषय पर पहले भी एक पत्र प्राप्त हुआ था।

2. फ़ाइल तो मैंने नहीं देखी है, याद से बता सकता हूं कि पिछली बैठक में क्या-क्या मुख्य निर्णय हुए थे।

युक्त (fitted with)

लाउडस्पीकर युक्त अनेक मोटर गाड़ियां चुनाव प्रचार में लगी हैं।

युक्ति (device)

इस मामले को हल करने के लिए कोई युक्ति निकालिए।

युद्ध-विराम (cease fire)

कुछ सप्ताह की लड़ाई के बाद दोनों देशों के बीच युद्ध-विराम हो गया।

योग (total)
बाढ़ पीड़ितों की सहायता के लिए अब तक जो चन्दा प्राप्त हुआ है उसका योग 30 लाख रुपये हो गया है।

योगदान (contribution)
देश के औद्योगिक विकास में भारतीय इंजीनियरों का बहुत बड़ा योगदान रहा है।

योग्य (able)
इस काम के लिए एक योग्य व्यक्ति मिल गया है, वह इस काम को बहुत अच्छी तरह कर सकेगा।

योजना (plan)
भारत में पंचवर्षीय योजनाओं से कृषि का बहुत विकास हुआ है।

योग्यता (ability, merit)
उम्मीदवारों का चुनाव योग्यता के आधार पर किया जाएगा, सिफ़ारिशों के आधार पर नहीं।

योग्यतासूची (merit list)
परीक्षा और साक्षात्कार के आधार पर उम्मीदवारों की योग्यतासूची तैयार कर ली गई है, योग्यताक्रम से नियुक्तियां की जाएंगी।

रक़म (sum)
नगर निगम ने गृह कर की काफ़ी रक़म अभी तक वसूल नहीं की है इसलिए उसके बजट में घाटा दिखाई पड़ता है।

रक्षण (protection)
पेड़-पौधों के रक्षण के लिए राज्य सरकार ने ठोस क़दम उठाए है।

रक्षा (defence)
रक्षा मंत्रालय भारत की सेनाओं को आधुनिकतम अस्त्र देने का प्रबन्ध कर रहा है।

रक्षात्मक (defensive)
शत्रु की ओर से गोली चलाए जाने पर भारतीय जवानों ने रक्षात्मक कार्रवाई की।

रचनात्मक (constructive)
1. कार्यालय की कार्यकुशलता बढ़ाने में हमारे विभाग के कर्मचारियों का सदा रचनात्मक योगदान रहा है।
2. रचनात्मक कामों के द्वारा ही देश आगे बढ़ सकेगा।

रजत जयन्ती (silver jubilee)
यह संस्था 25 वर्ष पूर्व स्थापित हुई थी, अब इसकी रजत जयन्ती मनाई जा

रही है।

रद्द करना (to cancel)

इंजीनियरों के स्थानांतरण के जो आदेश जारी हुए थे उन्हें रद्द कर दिया गया है।

रफ्तार (speed)

नगर की सीमा के अन्दर मोटर गाड़ियों की रफ़्तार 40 किलोमीटर प्रति घंटा से अधिक नहीं होनी चाहिए।

रवानगी (departure)

मेरठ से बस की रवानगी प्रातः 9-00 बजे होगी।

रसायन (chemical)

देश में रासायनिक खाद के उत्पादन और उनकी बिक्री आदि का काम रसायन मंत्रालय देखता है।

रसीद (receipt)

बिल का भुगतान करके रसीद ले ली है।

रहन (mortgage)

ऋण लेने के लिए ज़रूरतमन्द किसान को अपनी ज़मीन भी रहन रख देनी पड़ती है।

रहना (to live)

आप इस नगर में कितने वर्ष से रह रहे हैं।

रहस्य (secret, mystery)

1. कल जो जासूस पकड़ा गया वह देश के अनेक रहस्य विदेशी राजदूतावासों को पहुंचा दिया करता था।

2. गोदाम से यह माल किस प्रकार ग़ायब हो गया इसके रहस्य का अभी तक पता नहीं चल सका है।

राजकाज (government business)

प्रयत्न किया जा रहा है कि देश का अधिकाधिक राजकाज भारतीय भाषाओं में हो।

राजकीय (of the state, official)

1. यह कॉलेज किसी संस्था का नहीं, राजकीय है।

2. नेपाल नरेश राजकीय यात्रा पर भारत आए हुए हैं।

राजदूत (ambassador)

भारत के नये राजदूत अगले सप्ताह अमरीका के राष्ट्रपति को अपने प्रत्यय पेश करेंगे।

राजनयिक (diplomacy)

राजदूतावासों की डाक राजनयिक थैलों में आती-जाती है ।

राजनैतिक (political)

युद्ध के समय राजनैतिक दलों ने आपस के मतभेद भुलाकर देश की सुरक्षा के लिए अपना पूरा सहयोग दिया ।

राजपत्र (gazette)

भारत के राजपत्र में अब सभी अधिसूचनाएं हिन्दी और अंग्रेज़ी दोनों भाषाओं में छपती हैं ।

राजपत्रित (gazetted)

इस कार्यालय में 4 राजपत्रित अधिकारी हैं और 20 अराजपत्रित कर्मचारी हैं ।

राजभाषा (official language)

केन्द्रीय सरकार तथा राज्य सरकार के कार्यालयों में इस बात का प्रयत्न हो रहा है कि राजभाषा के रूप में भारतीय भाषाओं का प्रयोग अधिकाधिक किया जाए ।

राजस्व (revenue)

करों की वसूली की व्यवस्था ठीक हो जाने से इस साल राजस्व में वृद्धि हुई है ।

राज्यमंत्री (Minister of State)

इस मन्त्रालय का काम पहले कैबिनेट स्तर के मन्त्री ही देखते थे, अब कुछ महीने पूर्व राज्यमन्त्री की भी नियुक्ति हुई है ।

राज्यपाल (Governor)

राज्यपाल का कार्यकाल आमतौर से 5 वर्ष का होता है ।

राज्य सरकार (State Government)

इस प्रस्ताव के बारे में राज्य सरकारों की सम्मति प्राप्त हो चुकी है, उनपर विचार किया जा रहा है ।

राशि (amount)

इस बिल की राशि का भुगतान प्राप्त हो गया है ।

राष्ट्रगान (National anthem)

राष्ट्रगान के समय सभी को खड़ा हो जाना चाहिए ।

राष्ट्रिक (national)

जो व्यक्ति जिस देश का राष्ट्रिक है उसी देश का पासपोर्ट लेकर वह अन्य देश की यात्रा कर सकता है ।

राष्ट्रिकता (nationality)

राष्ट्रिकता बदलने की अनुमति आसानी से नहीं मिलती है।

राष्ट्रीय (national)

यह मामला अत्यंत महत्त्वपूर्ण है इसलिए इसपर राष्ट्रीय स्तर पर चर्चा होनी ज़रूरी है।

राष्ट्रीयकरण (nationalisation)

बैंकों के राष्ट्रीयकरण के बाद बैंक शाखाओं की संख्या बढ़ गई है और बैंकों का कारोबार बढ़ा है।

रियायत (concession)

विद्यार्थियों के लिए किराये में विशेष रियायत दी जाती है।

रिक्त (vacant/unfilled, blank)

1. कई पद रिक्त पड़े हैं, इन्हें जल्दी भरना ज़रूरी है।

2. रिक्त कालमों को ठीक तरह भरिए।

रिक्ति (vacancy)

वर्ष के दौरान जो रिक्तियां हुई हैं उन्हें भरने के लिए परीक्षा के आधार पर भर्ती की जाएगी।

रिश्तेदार (relation, relative)

युद्ध के समय यदि किसी सैनिक की मृत्यु होती है तो उसके नज़दीकी रिश्तेदार को तुरंत सूचना दी जाती है।

रिहाई (release)

इस बात की कोशिश की जा रही है कि सज़ा भुगतने के बाद जब किसी अपराधी की जेल से रिहाई हो तो उसे आमदनी वाला ठीक तरह का काम मिल सके।

रुकावट (hindrance)

बिजली घर यहां बनाने में अभी कई रुकावटें सामने आ रही हैं।

रूप (form, shape)

यह प्रस्ताव इस रूप में स्वीकार नहीं किया जा सकेगा, इसे संशोधित रूप में प्रस्तुत कीजिए।

रूपरेखा (outline)

दिल्ली में भूमिगत रेल चलाने की योजना बहुत समय से विचाराधीन है। कल इसकी रूपरेखा पत्रकारों को बताई गई।

रूपांतर (version)

नियमों के अनुसार सभी मंत्रालय इस बात का प्रयत्न करते हैं कि गज़ट में अधिसूचनाओं का अंग्रेज़ी और हिन्दी रूपांतर एक साथ प्रकाशित हो, आगे-

पीछे नहीं ।

रेखांकित (underlined)

इस पत्र के महत्त्वपूर्ण अंशों को रेखांकित कर दिया गया है, कृपया उन्हें विशेष रूप से देख लें ।

रोक (ban, stop)

1. नये पदों के सृजन पर रोक लगी हुई है ।
2. नये पदों का सृजन रोक दिया गया है ।

रोकड़ (cash)

रोकड़ अनुभाग द्वारा इस महीने के वेतन बिल तैयार कर दिए गये हैं ।

रोचक (interesting)

उपग्रह के संबंध में जो वार्ता रेडियो पर प्रसारित हुई वह बहुत रोचक थी ।

रोज़ (every day)

रोज़ सबेरे सैर करने से स्वास्थ्य ठीक रहता है ।

रोज़गार (employment)

रोज़गार कार्यालय ने हमें 20 उम्मीदवारों के नाम भेजे हैं, उन्हें शीघ्र इंटरव्यू के लिए बुलाया जाएगा ।

रोध (bar)

वह अभी दक्षता-रोध पार नहीं कर सका है, इसलिए उसे वार्षिक वेतन वृद्धि नहीं मिली है ।

लम्बित (pending)

यह मामला काफ़ी समय से लम्बित पड़ा हुआ है ।

लघु उद्योग (small scale industry)

सरकार की ओर से लघु उद्योगों को काफ़ी प्रोत्साहन दिया जा रहा है ।

लक्ष्य (object/aim, target)

1. इन योजनाओं का लक्ष्य है कि नौजवानों को रोज़गार मिले और देश से ग़रीबी दूर हो ।
2. इस वर्ष इस कारख़ाने का उत्पादन लक्ष्य चार लाख टन रखा गया है ।

लगन (devotion, perseverence)

वह अपना काम बड़ी लगन से करता है ।

लगभग (almost, nearly/approximately/about)

1. लगभग सभी मंत्रालयों की यह राय है कि कमेटी की सिफ़ारिशों को स्वीकार कर लिया जाए ।
2. इस नगर की जनसंख्या लगभग एक लाख है ।

लगातार (continuously, constantly)

एक महीना लगातार याद दिलाते रहने पर भी उस कार्यालय से कोई उत्तर प्राप्त नहीं हुआ है।

लज्जित (feel ashamed)

यदि अपेक्षित सूचना कल शाम तक न भेजी गई तो सचिव महोदय के सामने हम सबको लज्जित होना पड़ेगा।

लड़ाई (fight, battle, war)

1. ज़मीन का कब्ज़ा लेने के मामले में गांव के दो दलों में जमकर लड़ाई हुई।

2. कल की घमासान लड़ाई में शत्रु के अनेक सैनिक मारे गए।

3. लड़ाई समाप्त करने के लिए समझौते के प्रयत्न चल रहे हैं।

लपेटना (to involve, to fold)

1. इस झगड़े में मुझे व्यर्थ लपेटा जा रहा है।

2. कपड़ों को ठीक तरह लपेटकर रख दीजिए।

ललचाना (to allure, tempt)

ग़लत ढंग से काम कराने वाले व्यक्ति सरकारी कर्मचारियों को कई प्रकार से ललचाने का प्रयत्न करते हैं।

ललित कला (fine art)

ललित कला अकादमी द्वारा अच्छे कलाकारों का सम्मान किया जाता है।

लागत (cost)

मज़दूरी की दरें बढ़ गई हैं अतः अब कपड़े की लागत भी अधिक पड़ती है।

लागू (applicable)

1. ये नियम स्वायत्त संस्थाओं पर लागू नहीं होते।

2. नयी योजना 1 जनवरी से लागू की जाएगी।

लाचारी (helplessness)

उसने इस मामले में हस्तक्षेप करने के बारे में अपनी लाचारी जाहिर की है।

लाजिमी (obligatory, essential)

भारत में कई अन्य देशों की भांति सैनिक सेवा लाज़िमी नहीं है।

लानत (reproach, rebuke)

उसने जो बेईमानी की है उसके लिए उसको सभी लोग लानत-मलामत करते हैं।

लाना (to bring, fetch)

चपरासी स्टेशनरी लाने के लिए गया है।

लापता (missing)

यहां से जो चार पार्सल भेजे गए थे उनमें से दो लापता हैं।

लापरवाही (carelessness, negligence)

यह पत्र ठीक टाइप नहीं हुआ है। टाइपिस्ट को कहिए कि वह अपने काम में लापरवाही न बरते।

लाभ (benefit, profit)

1. अब सभी कर्मचारियों को पेंशन का लाभ मिल सकता है।

2. इस वर्ष कम्पनी को काफ़ी लाभ हुआ है।

लाभान्वित (benefitted)

नयी नहरें निकलने से इस क्षेत्र के किसान बहुत लाभान्वित हुए हैं।

लाभांश (dividend)

कुछ कंपनियां पहले साल ही लाभांश देने लगती हैं लेकिन कई कंपनियां वर्षों तक घाटे में चलती रहती हैं।

लालायित (eager)

सरकारी नौकरी प्राप्त करने के लिए अनेक युवक लालायित रहते हैं।

लावारिस (unclaimed)

रेलवे के गोदाम में कई पार्सल काफ़ी समय से लावारिस पड़े हैं, उन्हें अगले महीने नीलाम कर दिया जाएगा।

लिखना (write)

मैं आपको अगले सप्ताह पत्र लिखूंगा और उसमें इस मामले में आगे हुई प्रगति की सूचना दे दूंगा।

लिखवाना (dictate)

उत्तर का प्रारूप कार्यालय में तैयार कराने की अपेक्षा स्टेनोग्राफ़र को स्वयं लिखवाना अधिक अच्छा रहेगा।

लिखावट (handwriting)

उसकी लिखावट बहुत ख़राब है, आसानी से पढ़ी नहीं जाती।

लिखित (written)

उसने अपने अपराध के लिए लिखित रूप में माफ़ी मांगी है।

लिपि (script)

देवनागरी लिपि, बंगला लिपि और गुजराती लिपि आपस में काफ़ी मिलती-जुलती हैं।

लिपिक (clerk)

नये भर्ती हुए लिपिक को टाइपिंग का काम दिया गया है।

लिप्यंतरण (transliteration)

सदस्यों के नामों की सूची अंग्रेज़ी में प्राप्त हुई हैं। इसे हिन्दी में भी तैयार कराना है। इसका अनुवाद कराने का प्रश्न नहीं है, केवल लिप्यंतरण करा दीजिए।

लिफ़ाफ़ा (envelope)

जो पत्र हिन्दीभाषी क्षेत्र को जा रहा है उसके लिफ़ाफ़े पर पता देवनागरी लिपि में लिखना उचित होगा।

लेखन-सामग्री (stationery)

कुछ समय से लेखन-सामग्री की बड़ी कमी महसूस हो रही है।

लेखा (account)

पिछले वर्ष का लेखा तैयार है। इसका आडिट कराया जा रहा है।

लेखा अधिकारी (accounts officer)

लेखा अधिकारी ने बिलों की पड़ताल कर ली है और भुगतान का आदेश दे दिया है।

लेखाकार (accountant)

लेखाकार से मालूम कर लीजिए कि इस महीने आपको कितना वेतन मिलेगा।

लेखा परीक्षा (audit)

इस महीने के हिसाब की अभी लेखा परीक्षा नहीं हुई है।

लेखा परीक्षक (auditor)

लेखा परीक्षक ने कंपनी के हिसाब की जांच कर ली है और उनका प्रमाण पत्र संलग्न है।

लेखा विभाग (accounts department)

पिछले वर्ष के वाउचर अब लेखा विभाग के रिकार्ड में ही मिलेंगे।

लेखा शीर्ष (head of account)

कृपया लेखाकार से मालूम कर लें कि यह ख़र्च किस लेखा शीर्ष के नामे डाला जाएगा।

लोक-निर्माण-विभाग (public works department)

सड़क और पुल आदि बनाने का काम लोक-निर्माण विभाग द्वारा कराया जाता है।

लोकप्रिय (popular)

सिनेमा के गीत आम तौर पर लोकप्रिय होते हैं।

लोक मत (public opinion)

प्रजातंत्र में सरकार लोकमत की उपेक्षा नहीं कर सकती।

लोक सेवा आयोग (public service commission)

सरकारी नौकरियों के लिए भर्ती लोक-सेवा आयोग द्वारा की जाती है।

लोक हित (public interest)

गृहमंत्री जी ने लोकसभा में उत्तर दिया कि मांगी गई सूचना लोकहित में देना उचित न होगा।

लौटाना (return, refund)

1. हमने चार टाइपराइटर दूसरे कार्यालय से कुछ दिन के लिए मंगाए थे, अब उन्हें वापस लौटाया जा रहा है।

2. ऐसा प्रतीत होता है कि पिछले महीने कुछ कर्मचारियों से क्वार्टरों का किराया अधिक काट लिया गया था, अब अधिक काटी गई राशि उन्हें लौटाई जा रही है।

वंचित (deprived)

इस बार महंगाई भत्ते की जो दर बढ़ी है उसके लाभ से वे कर्मचारी वंचित रह जाएंगे जिनका मासिक वेतन 1,000 रुपये से अधिक है।

वक्तव्य (statement)

वित्तमंत्री ने कल प्रेस वक्तव्य में बताया है कि सरकार इस वर्ष किसी भी कर (टैक्स) को घटाने या बढ़ाने का विचार नहीं कर रही है।

वजन (weight)

1. इस माल का वज़न दो टन है।

2. अपनी बात के समर्थन में उसने जो तर्क दिए हैं उनमें काफ़ी वज़न है।

वजह (cause, reason)

कृपया वजह मालूम करें कि इस काम को पूरा करने में इतनी देर क्यों हुई।

वयस्क (adult)

बैंक में अपना हिसाब खोलकर वही व्यक्ति अपना रुपया स्वयं निकाल सकते हैं जो वयस्क हैं।

वरिष्ठ (senior)

इस ग्रेड में वह मुझसे वरिष्ठ है इसलिए पहले उसकी पदोन्नति होने की संभावना है।

वर्ग (grade/class, square)

1. इस बैठक में सभी वर्ग के कर्मचारियों के प्रतिनिधि बुलाए गए हैं।

2. इस भूमि का क्षेत्रफल 400 वर्ग मीटर है जो मकान बनाने के लिए काफ़ी है।

वर्गीकरण (classification)

मकान किराया भत्ता देने के संबंध में देश के बड़े-बड़े नगरों का वर्गीकरण

कर दिया गया है।

वर्गीकृत (classified)

वर्गीकृत विज्ञापनों में अनेक खाली पदों की सूचना निकलती रहती है। उसमें टेंडर नोटिस भी प्रकाशित होते हैं।

वर्णक्रम (alphabetical order)

कृपया इन नामों को वर्णक्रम से लिख दीजिए।

विवरण (description)

दुर्घटना स्थल पर जाकर मैंने जो देखा उसका पूरा विवरण मैंने अपनी रिपोर्ट में दे दिया है।

वर्तनी (spelling)

इस पत्र में वर्तनी की कई अशुद्धियाँ हैं।

वर्तमान (present, existing)

हमारी सभा के वर्तमान अध्यक्ष श्री············हैं।

वर्दी (uniform)

पुलिस की वर्दी खाकी रंग की है।

वर्द्धित (enhanced)

रिटायर होने के बाद यदि सरकारी मकान तुरंत खाली न किया जाए तो उसका किराया वर्द्धित दर से देना पड़ेगा।

वसूली (recovery)

ऋण देते समय बैंक इस बात का ध्यान रख लेते हैं कि क्या उसकी वसूली हो सकेगी या नहीं।

वस्तु (thing, article)

कई आवश्यक वस्तुएं बाज़ार में उचित दामों पर नहीं मिल रही हैं।

वस्तुतः (defacto, actually)

1. इस समय श्री············ही वस्तुतः अध्यक्ष के रूप में कार्य कर रहे हैं।

2. वस्तुत: मंत्रालय का पत्र अभी तक हमें मिला ही नहीं।

वांछनीय (desirable)

इस महत्त्वपूर्ण काम पर बिना अनुभव वाले व्यक्ति को लगाना वांछनीय न होगा।

वांछित (desired)

1. इन प्रयत्नों का वांछित फल नहीं निकला।

2. वांछित सूचना भेज दी गई है।

वाचन (reading)

संविधान संशोधन के सम्बन्ध में जो विधेयक लोक सभा में प्रस्तुत हुआ है उसका दूसरा वाचन हो चुका है।

वाचनालय (reading room)

कोशिश की जा रही है कि प्रत्येक मज़दूर-बस्ती में एक-एक वाचनालय अवश्य हो।

वाणिज्य (commerce)

वाणिज्य मंत्रालय ने इस वर्ष आयात नीति में कई परिवर्तन किए हैं।

वाणिज्य दूतावास (consulate)

बम्बई में कई देशों के वाणिज्य दूतावास हैं।

वातानुकूलित (air-conditioned)

अब कई नगरों के बीच वातानुकूलित गाड़ियां चलती हैं।

वातावरण (atmosphere)

भारत के प्रधानमंत्री की नेपाल-यात्रा से वहां भारत के प्रति बहुत अनुकूल वातावरण बना है।

वाद-विवाद (debate)

अखिल भारतीय वाद-विवाद प्रतियोगिता में हंसराज कॉलेज के विद्यार्थी को सर्वप्रथम स्थान प्राप्त हुआ।

वादी (plaintiff)

जो व्यक्ति मुक़दमा दायर करता है उसे 'वादी' कहा जाता है।

वापस (return)

आप यात्रा से कब वापस लौट रहे हैं।

वापस ले लेना (to withdraw)

अन्य सदस्यों के समझाने-बुझाने से उसने अपना प्रस्ताव वापस ले लिया।

वायदा (promise)

आपने वायदा किया था कि जो रुपया आप मुझसे ले रहे हैं उसे दो महीने में अवश्य लौटा देंगे।

वायुसेना (air force)

भारत की वायुसेना में अब अनेक आधुनिक विमान हैं।

वारित (debarred)

उसने सरकारी मकान अनधिकृत रूप से किराये पर उठा दिया था इसलिए उसे अब सरकारी मकान से वारित कर दिया गया है।

वार्ता (negotiation)

नदियों के पानी के बंटवारे के सम्बन्ध में भारत और बंगला देश की वार्ता

अभी जारी है।

वार्षिक (annual)

मन्त्रालय की वार्षिक रिपोर्ट संसद को मई मास में प्रस्तुत की जाएगी, उसके लिए सभी विभागों से सामग्री मंगा ली जाए।

वास्तव में (in fact, actually)

यह कार्रवाई वास्तव में सरकार के आदेश से ही की गई है।

वास्ता (concern)

मेरा इस मामले से कोई वास्ता नहीं है।

वाहक (bearer)

कृपया इस बिल की राशि पत्र-वाहक द्वारा भेज दें।

विकल्प (option, alternative)

1. विभागीय परीक्षाओं में बैठने वालों के लिए यह विकल्प है कि वे कुछ विषयों के प्रश्नों का उत्तर चाहे हिन्दी में दें चाहे अंग्रेज़ी में।

2. अब इसके सिवाय और कोई विकल्प नहीं है।

विकृत (deformed)

दुर्घटना में चोट लग जाने से उसका शरीर विकृत हो गया है।

विकास (development)

देश के विकास के लिए अनेक योजनाएं बनाई गई हैं।

विकेन्द्रीकरण (decentralisation)

प्रशासनिक सुधार आयोग ने अधिक-से-अधिक विकेन्द्रीकरण किए जाने की सिफ़ारिश की है।

विक्रय (sale)

लघु उद्योगों द्वारा बनाए गए माल के विक्रय की समस्या बनी ही रहती है।

विख्यात (renowned)

यह नगर रेशमी और सूती कपड़ों के लिए विख्यात है।

विगत (past)

विगत वर्षों में भी गणतंत्र समारोह धूमधाम से मनाया जाता रहा है।

विघटन (disintegration)

देश का विघटन करने वाली प्रवृत्तियों की सदा रोकथाम की जानी चाहिए।

विचार (thought, idea, view)

1. अचानक ही मुझे यह विचार आया।

2. आप ही ने मुझे यह विचार दिया था।

3. इस मामले में आपका क्या विचार है?

विचाराधीन (under consideration)

पिछड़े क्षेत्रों की उन्नति के सम्बन्ध में कई योजनाएं सरकार के विचाराधीन हैं।

विचार-विमर्श (discussion)

यह निर्णय काफ़ी विचार-विमर्श के बाद ही लिया गया है।

विज्ञप्ति (communique)

दोनों देशों के प्रधान मंत्रियों के बीच हुई वार्ता का विवरण प्रेस विज्ञप्ति से प्रकाशित हुआ है।

विज्ञापन (advertisement)

खाली पदों को भरते समय उनके बारे में विज्ञापन देना उचित है।

वितरण (delivery, distribution)

1. प्रेषण अनुभाग ने आज की डाक का वितरण करा दिया है।

2. राशन एक नियत मात्रा में वितरित किया जाता है।

वित्त (finance)

वित्त मंत्री जी 28 फ़रवरी को बजट पेश करेंगे।

वित्तीय (financial)

वित्तीय मामलों में गंभीरतापूर्वक विचार करके ही निर्णय लिया जाता है।

विदेशी मुद्रा (foreign exchange/currency)

निर्यात बढ़ जाने से विदेशी मुद्रा की अब कमी नहीं है।

विद्यमान (existing)

जिन परिस्थितियों में यह निर्णय लिया गया था, वे अभी भी विद्यमान हैं। अतः इसे बदलने का प्रश्न नहीं उठता।

विद्रोह (revolt, rebellion)

अफ्रीका के कई देशों में सशस्त्र विद्रोह हुए हैं।

विद्वान (learned)

मेरे विद्वान मित्र ने जो विचार रखे हैं उनसे मैं पूरी तरह सहमत हूं।

विधान (constitution)

इस संस्था के विधान के अनुसार पदाधिकारियों का चुनाव प्रतिवर्ष होना चाहिए।

विधानसभा (legislative assembly)

इस राज्य की विधानसभा में 230 सदस्य हैं।

विधायक (legislator)

विधायकों के रहने के लिए सरकारी मकानों की व्यवस्था है।

विधायन (legislation)

अभी विधेयकों का प्रारूप मूल रूप से अंग्रेज़ी में तैयार करके, बाद में उनका अनुवाद भारतीय भाषाओं में किया जाता है। यह प्रयत्न होना चाहिए कि मूल विधायन भारतीय भाषाओं में किया जाए।

विधि (law, method)

1. विधि मंत्रालय की सलाह लेकर ही तय किया गया है कि सरकार का रुपया वसूल करने के लिए अदालती कार्रवाई की जाए।

2. जब तक हम अपनी कार्य-विधि ठीक नहीं करेंगे स्थिति नहीं सुधरेगी।

विधिवत् (duly, through proper channel)

1. इस प्रस्ताव का मंत्रिमंडल द्वारा विधिवत् अनुमोदन हो चुका है।

2. मैं अपना आवेदन विधिवत् प्रस्तुत कर रहा हूं।

विधेयक (bill)

भारतीय संविधान के संशोधनों के सम्बन्ध में जो विधेयक प्रस्तुत किया गया है उसके बारे में विरोधी दल से भी परामर्श कर लिया गया है।

विनम्र (humble)

आपसे विनम्र निवेदन है कि इस मामले में शीघ्र कार्रवाई की जाए।

विनय (politeness)

विनयपूर्वक बात करने से कई काम जल्दी हो जाते हैं।

विनाश (destruction)

इस वर्ष की भयंकर बाढ़ के कारण फसल का विनाश हो गया।

विनिमय (exchange)

भारत ने कई और देशों के साथ जो व्यापार समझौते किए हैं उसके द्वारा अनेक वस्तुओं का परस्पर विनिमय हो सकेगा।

विनियम (regulation)

रिज़र्व बैंक ने अपने कर्मचारियों की सेवा-शर्तों के सम्बन्ध में जो विनियम बनाए हैं उन्हें गज़ट में प्रकाशित किया गया है।

विपणन (marketing)

अनेक क्षेत्रों में कृषि उपज के विपणन की समस्या रहती है।

विपत्ति (calamity)

यदि देश के किसी भाग पर अकस्मात कोई प्राकृतिक विपत्ति आ पड़े तो उसमें सभी को मिलकर सहायता करनी चाहिए।

विपरीत (contrary, opposite)

जो कार्रवाई की गई है वह इस विषय पर लिये गए निर्णय के बिलकुल विपरीत है।

विभक्त (divided, partitioned)

सन् 1947 में भारत को दो भागों में विभक्त कर दिया गया था।

विभाग (department)

डाक तार विभाग द्वारा इस वर्ष कई हज़ार गांवों में नये डाकघर खोले गए हैं।

विभागीय (departmental)

विभागीय परीक्षा पास कर लेने पर पदोन्नति जल्दी हो सकेगी।

विभाजन (division, partition)

देश के विभाजन के कारण सन् 1947 में विस्थापितों के पुनर्वास की समस्या सामने आई।

विभिन्न (various, different)

विभिन्न मंत्रालयों से मालूम कर लिया गया है कि उनके यहां इस बारे में क्या स्थिति है।

विभेद (discrimination)

सरकारी पदों पर नियुक्ति करते समय भाषा, धर्म या जाति आदि के आधार पर कोई विभेद नहीं किया जा सकता।

विमत (dissenting opinion)

इस रिपोर्ट में समिति के कई सदस्यों ने अपना विमत प्रकट किया है।

विमान (aircraft)

भारत के राष्ट्रपति इस यात्रा पर भारतीय विमान में गए हैं।

विमानन (aviation)

सिविल विमानन महानिदेशालय की ओर से सभी हवाई अड्डों पर सुरक्षा की व्यवस्था कड़ी कर दी गई है।

विमुक्त (absolved, acquitted)

अभियुक्त के विरुद्ध आरोप सिद्ध नहीं हुए इसलिए उसे विमुक्त कर दिया गया है।

विराम (halt, fullstop)

1. इस दौरे में मैं कलकत्ता में दो दिन विराम करूंगा।

2. वाक्य के अन्त में विराम चिह्न लगाया जाता है।

विरासत (legacy)

यह मकान उसे विरासत में प्राप्त हुआ है।

विरुद्ध (against)

यह प्रस्ताव नियम-विरुद्ध है, इसलिए नहीं माना जा सकता।

विरोध (opposition, protest)

कर बढ़ाने के प्रस्ताव का संसद के कई सदस्यों ने विरोध किया है।

विलम्ब (delay)

खेद है कि सूचना भेजने में विलम्ब हो गया है।

विलम्ब शुल्क (demurrage)

यदि रेलवे स्टेशन से माल समय पर न छुड़ाया जाए तो विलम्ब-शुल्क देना पड़ता है।

विलय (merger)

स्वतन्त्रता से पूर्व देश में अनेक देसी रियासतें थीं, सरदार पटेल के प्रयत्न से उन रियासतों का भारत में पूर्णतः विलय हो गया।

विलीन (vanish, disappear)

प्रयोग के रूप में जो राकेट छोड़ा गया वह देखते-ही-देखते आकाश में विलीन हो गया।

विलेख (deed)

जो मकान बेचा है उसके विक्रय विलेख की रजिस्ट्री करा ली गई है।

विवरण (statement, detail, description)

1. इस मद में कितनी आमदनी हुई और कितना ख़र्च हुआ इसका विवरण प्रत्येक कार्यालय से प्रति मास मंगाया जाता है।

2. आपने यह ख़र्च किस-किस मद में किया इसका विवरण कृपया भेज दें।

3. जांच के दौरान क्या-क्या देखा, रिपोर्ट में इसका पूरा विवरण दिया जा रहा है।

विवश (compelled)

परिस्थितियों से विवश होकर उसने भीख मांगना शुरू कर दिया।

विवाद (controversy, dispute)

परस्पर बातचीत के आधार पर यह कार्रवाई की गई है, कृपया अब इसे पुनः विवाद का विषय न बनाएं।

विवादग्रस्त (disputed)

इन नदियों से कितना-कितना पानी लिया जाए यह प्रश्न काफ़ी समय से विवादग्रस्त रहा है। अब इस पर कुछ समझौता होने की सम्भावना है।

विवेकाधिकार (discretionary power)

बाढ़ पीड़ितों की सहायता के लिए ज़िला मजिस्ट्रेट ने अपने विवेकाधिकार से दस हज़ार रुपये व्यय किए।

विविध (miscellaneous)

अन्य छोटी-छोटी मदों के बारे में आवश्यक विवरण 'विविध' अध्याय में

दिया जा रहा है।

विशाल (huge)

श्री............के स्वागत में विशाल जनसमूह एकत्रित हुआ।

विशिष्ट (specific, distinguished)

1. इस विशिष्ट मामले पर अलग विचार कीजिए।
2. विशिष्ट अतिथियों के लिए ठहरने का अलग प्रबंध किया गया है।

विशुद्ध (pure)

सरकारी डेरी में विशुद्ध घी मिल सकेगा।

विशेष (special)

कृपया अब इस ओर विशेष ध्यान दें।

विशेषता (speciality)

इस कार्यालय की यह विशेषता है कि यहां आए सभी पत्रों का उत्तर चौबीस घण्टे में अवश्य चला जाता है।

विशेषज्ञ (specialist)

दिल का दौरा पड़ने पर उसे हृदय विशेषज्ञ को दिखाया गया।

विशेषतः (in particular)

भारत के सभी क्षेत्रों का, और विशेषतः पिछड़े क्षेत्रों का, औद्योगिक विकास करने का पूरा प्रयत्न किया जा रहा है।

विशेषांक (special number)

दीपावली के अवसर पर पत्रिका का विशेषांक प्रकाशित होगा।

विशेषाधिकारी (officer on special duty)

इन नियमों का पुनरीक्षण करने के लिए दो वर्ष के लिए विशेषाधिकारी नियुक्त किया गया है।

विश्लेषण (analysis)

आंकड़े एकत्रित करने का तब तक लाभ नहीं है जब तक उनका ठीक रूप से विश्लेषण न किया जाए।

विश्वसनीय (trustworthy)

मेरी राय में वह विश्वसनीय व्यक्ति है।

विश्वास (trust)

मुझे विश्वास है कि आप इस काम को नियत समय में पूरा कर देंगे।

विश्वविद्यालय (university)

अनेक विश्वविद्यालयों ने उच्च शिक्षा भारतीय भाषाओं के माध्यम से देनी आरंभ कर दी है।

विश्वस्त (reliable)

विश्वस्त सूत्रों से मालूम हुआ है कि सभी राजनैतिक बंदी दो-तीन दिन के भीतर छोड़ दिए जाएंगे।

विषय (subject, matter, case, topic)

इस विषय पर काफ़ी समय से चर्चा होती रही है।

विसंगति (discrepancy)

इस व्यक्ति ने अपना बयान दो जगह दिया है, उसमें परस्पर विसंगति है।

विस्तार (extension)

कृषि विस्तार की बहुत बड़ी योजना तैयार की गई है और इस संबंध में कई कर्मचारी नियुक्त किए गए हैं।

विस्थापित (displaced)

देश का विभाजन होने पर कई लाख विस्थापित व्यक्तियों को फिर से बसाना पड़ा।

विहित (prescribed)

कृपया अपना आवेदन पत्र विहित फ़ार्म में दीजिए।

वृत्त चित्र (documentary film)

पर्यटकों के लिए दर्शनीय स्थानों के संबंध में कई सुंदर वृत्त चित्र तैयार किए गए हैं।

वृद्धि (increase, extension)

1. आवश्यक वस्तुओं के मूल्य में वृद्धि होने से सभी लोग चिन्तित हैं।

2. युद्ध में जीतने वाले राष्ट्र अपने देश की सीमा में वृद्धि कर लेते हैं।

वेतन (pay)

सरकारी कर्मचारियों के वेतन के संबंध में वेतन आयोग ने अपनी सिफ़ारिशें प्रस्तुत कर दी हैं।

वैकल्पिक (alternative, optional)

विभागीय परीक्षाओं के लिए हिन्दी को वैकल्पिक माध्यम (मीडियम) बना दिया गया है।

वैज्ञानिक (scientific)

वैज्ञानिक विषयों पर भी हिन्दीं में अनेक पुस्तकें उपलब्ध हैं।

वैध (valid, legal)

अनियमित कार्य करने के आरोप में उसे नौकरी से निकाल दिया गया था। अदालत ने सरकार की कार्रवाई को वैध ठहराया है।

वैयक्तिक (personal)

1. इन काग़ज़ों के बारे में कृपया सचिव महोदय के वैयक्तिक सहायक से मालूम कर लें।

2. हिन्दी की परीक्षा पास करने पर मुझे 20 रुपये प्रतिमास की दर से एक साल तक वैयक्तिक वेतन मिला।

व्यक्तिगत (individual, personal)

मैं किसी के व्यक्तिगत मामले में दख़ल नहीं देना चाहूंगा।

व्यक्तिशः (individually)

चुनाव के अवसर पर सभी उम्मीदवार मतदाताओं से व्यक्तिशः मिलने का प्रयत्न करते हैं।

व्यय (expenditure)

इस इमारत के बनवाने में 50 लाख रुपये व्यय हुआ है।

व्यवधान (interruption)

लोकसभा की कार्रवाई में आज अनेक बार व्यवधान हुआ।

व्यवस्थित (systematic, methodical)

किसी काम को यदि व्यवस्थित रूप से किया जाए तो उसमें अधिक सफलता मिलने की संभावना रहती है।

व्यवहार (behaviour, practice)

1. सभी के साथ अच्छा व्यवहार करना चाहिए।

2. यह प्रस्ताव देखने में ठीक मालूम होता है लेकिन व्यवहार में अनेक कठिनाइयां आएंगी।

व्यस्त (busy)

आज मुझे कई बैठकों में भाग लेना है, इसलिए सारा दिन व्यस्त रहूंगा।

व्याख्यात्मक (explanatory)

इन नियमों के संबंध में व्याख्यात्मक टिप्पणी दी गई है जिससे स्पष्ट हो जाएगा कि विभिन्न नियमों का क्या आशय है।

व्यापक (comprehensive, extensive)

विभिन्न क्षेत्रों की आवश्यकताओं को देखते हुए इस योजना में व्यापक परिवर्तन किए जा रहे हैं।

व्यापक दृष्टिकोण (broad outlook)

कुशल प्रशासक को अपना दृष्टिकोण व्यापक रखना चाहिए। तभी वह सभी समस्याओं का हल ढूंढ़ सकेगा।

व्यापारिक (commercial)

व्यापारिक फ़र्मों को लाभ के साथ-साथ सार्वजनिक हित का भी ध्यान

रखना चाहिए।

व्यावहारिक (practical)

नयी पद्धति अपनाने में कुछ व्यावहारिक कठिनाइयां हैं, उनका समाधान ढूंढ़ना ज़रूरी है।

व्यवहार्य (practicable)

जो योजना प्रस्तुत की गई है वह प्रत्येक दृष्टि से व्यवहार्य है।

ब्यौरे (details)

कृपया अनुमानित आमदनी और ख़र्च के ब्यौरे भी दीजिए जिससे योजना पर समग्र रूप से विचार हो सके।

शंका (doubt)

मुझे उसकी ईमानदारी के बारे में कोई शंका नहीं है।

शंसा-पत्र (testimonial)

सभी उम्मीदवारों को कहा गया है कि इंटरव्यू के समय वे शंसा-पत्र भी साथ लाएं।

शक्ति (power)

विभाग के अध्यक्ष को जो वित्तीय शक्ति दी गई है उसके अन्तर्गत वह स्थानीय खरीद पर इतना व्यय नहीं कर सकते।

शत-प्रतिशत (cent per cent)

यह हमारे स्कूल का सौभाग्य है कि इस वर्ष मैट्रिक परीक्षा में हमारे शत-प्रतिशन विद्यार्थी उत्तीर्ण हुए।

शताब्दी (century)

वीसवीं शताब्दी में अनेक नये आविष्कार हुए हैं।

शनैः-शनैः (slowly)

स्थिति शनैः-शनैः सुधर रही है।

शपथ (oath)

नया मंत्रिमंडल राष्ट्रपति भवन में कल शपथ ग्रहण करेगा।

शांतिपूर्ण (peaceful)

कल काफ़ी लम्बा जलूस निकला लेकिन भीड़ काफ़ी होने पर भी प्रदर्शन शांतिपूर्ण था।

शब्दशः (word by word, verbatim)

1. यह उनके अंग्रेज़ी भाषण का शब्दशः अनुवाद है।
2. यह उस भाषण की शब्दशः रिपोर्ट है।

शाखा (branch)

हमारे नगर में कई बैंकों ने अपनी शाखाएं खोली हैं।

शासकीय (official, governmental)

शासकीय आदेश द्वारा सभी वस्तुओं के मूल्य निर्धारित कर दिए गए हैं।

शासन (government)

हरियाणा शासन ने घोषणा की है कि उसके कार्यालयों में हर शनिवार को छुट्टी रहा करेगी।

शासी निकाय (governing body)

शैक्षणिक संस्थाओं के शासी निकायों में ऐसे व्यक्ति रहने चाहिए जो राजनीति से दूर हों और जो शिक्षा के प्रसार में वास्तविक रुचि रखने वाले हों।

शिकायत (complaint)

यह बहुत ज़रूरी है कि जनता से प्राप्त होने वाली शिकायतों पर तुरंत ध्यान दिया जाए।

शिक्षण (teaching)

शिक्षण पद्धति को सुधारने के लिए कई महत्त्वपूर्ण क़दम उठाए जाने वाले हैं।

शिक्षा (education)

शिक्षा प्रणाली को सुधारने के लिए कई योजनाएं बनीं किन्तु उन पर अभी तक ठोस कार्रवाई नहीं हो पायी।

शिक्षु (apprentice)

सभी उद्योगों को कहा गया है कि वे प्रतिवर्ष कुछ शिक्षुओं को संबंधित व्यवसाय का व्यावहारिक प्रशिक्षण दें।

शिखर (summit, peak)

1. बड़े राष्ट्रों के शिखर सम्मेलन के बाद अंतर्राष्ट्रीय तनाव कम हो गया है।

2. भारतीय पर्वतारोही दल एवरेस्ट शिखर पर पहुंच गया।

शिथिल (relax)

इन नियमों को किसी भी प्रकार शिथिल नहीं किया जा सकता।

शिनाख्त (identity, identify)

1. रक्षा मंत्रालय के अधीन कार्यालयों में कोई भी व्यक्ति शिनाख्त पत्र के बिना अंदर नहीं जा सकता है।

2. गवाहों ने अपराधियों की शिनाख्त कर ली।

शिलान्यास (foundation laying)

इस भवन का शिलान्यास प्रधानमंत्री जी ने किया।

शिष्टमंडल (delegation/deputation of persons)

गृहमंत्री जी के दौरे के समय नागरिकों का शिष्टमंडल उनसे मिला और

उन्हें अपनी कठिनाइयों के बारे में अवगत कराया।

शीघ्र (urgent, early)

अनुरोध है कि पत्र का उत्तर शीघ्र भेजने की कृपा करें।

शीर्ष (head)

यह ख़र्च बजट के किस शीर्ष में डेबिट किया जाना चाहिए।

शीर्षक (heading)

सरकारी फ़ार्मों के शीर्षक द्विभाषी रूप में छपवाए जाते हैं।

शुद्ध करना (to correct)

जो मसौदा तैयार किया गया है उसमें अनेक गलतियां थीं, उन्हें शुद्ध कर दिया गया है।

शुद्धि-पत्र (corrigendum)

मंजूरी पत्र में कार्यालय का नाम ग़लत टाइप हो गया था इसलिए शुद्धि-पत्र जारी करना पड़ा।

शुल्क (fee, duty)

1. कॉलेज का प्रवेश शुल्क इस वर्ष से बढ़ा दिया गया है।

2. चाय का निर्यात बढ़ाने के लिए निर्यात शुल्क घटाया जा रहा है।

शुरू (commence, start)

कॉलेज का नया सत्र जुलाई में शुरू होगा।

शून्य (nil, zero)

1. इस बारे में सभी कार्यालयों से सूचना मंगाई गई थी, कई ने 'शून्य' सूचना भेजी है।

2. चेक में जो राशि लिखी गई थी उसमें एक शून्य लिखना रह गया है, कृपया इसे ठीक कर दें।

शेष (balance, remaining)

1. मेरे बैंक खाते में 500 रुपये जमा थे उनमें से 300 रुपये पिछले सप्ताह निकाल लिये। अब मेरे हिसाब में 200 रुपये शेष रहते हैं।

2. चार कार्यालयों से सूचना प्राप्त हो चुकी है, शेष तीन को रिमांइडर भेज दिए हैं।

शैक्षणिक (academic, educational)

इस पद के लिए न्यूनतम शैक्षणिक योग्यता डिग्री स्तर की होनी चाहिए।

शैली (style)

हर व्यक्ति के लिखने की शैली एक-दूसरे से कुछ भिन्न होती है।

शोक (sorrow, condolence)

प्रसिद्ध सामाजिक कार्यकर्ता श्री·········के निधन पर नागरिकों की सभा

में शोक प्रस्ताव पास किया गया।

शोचनीय (critical, cousing concern)

बाज़ार में अचानक मंदी आ जाने से कई उद्योगों की दशा शोचनीय हो गई।

शोध (research)

उसे शोध कार्य के लिए 250 रुपये प्रतिमास की छात्रवृत्ति दो साल तक मिलेगी।

श्रद्धेय (reverend, venerable)

जिस व्यक्ति का हम बहुत सम्मान करते हैं, उसे पत्र लिखते समय 'श्रद्धेय' शब्द से सम्बोधित करते हैं।

श्रम (labour)

यह सड़क ग्रामवासियों के श्रमदान से बनाई गई है।

श्रम अधिकारी (labour officer)

श्रम अधिकारियों का उत्तरदायित्व है कि वे कारख़ाने में काम करने वाले मज़दूरों के कल्याण का ध्यान रखें।

श्रम-साध्य (arduous)

यह कार्य जल्दी पूरा होने वाला नहीं है, काफ़ी श्रम-साध्य है।

श्रीमती (Mrs. madam)

श्रीमती कस्तूरबा गांधी अपने पति के साथ जेल में रहीं।

श्रेणी (class)

चतुर्थ श्रेणी के कर्मचारियों को सरकार की ओर से निःशुल्क वर्दी दी जाती है।

श्रेय (credit)

यह इमारत निर्धारित अवधि में बन सकी इसका श्रेय इंजीनियरों और मजदूरों को है जो रात-दिन इस काम में जुटे रहे।

श्वत-पत्र (white paper)

यह मामला सार्वजनिक महत्त्व का था, अतः इससे संबंधित तथ्य सरकार ने श्वेत पत्र में प्रकाशित कर दिए।

षड्यंत्र (conspiracy)

पुलिस ने चार व्यक्तियों को डकैती का षड्यंत्र करते हुए पकड़ा है।

संकलन (compilation)

इस पुस्तिका में पेंशन से सम्बन्धित सभी आदेशों का संकलन है।

संकल्प (resolution)

हिंदी सलाहकार समिति के पुनर्गठन के बारे में संकल्प गजट में प्रकाशित किया जा रहा है।

संकेत (indication, signal)

1. उन्होंने अपने भाषण में सम्भावित ख़तरों की ओर भी संकेत किया।

2. सड़क पर वाहन चलाते समय किसी भी ओर मुड़ने से पहले संकेत देना चाहिए।

संकोच (hesitation)

आपको यदि किसी बात की परेशानी हो तो मुझे लिखने में संकोच न करें।

संक्रामक (infectious)

चेचक एक संक्रामक बीमारी है।

संक्षिप्त (brief)

इस मामले में बहुत समय से पत्र-व्यवहार चल रहा है, कृपया संक्षिप्त रूप में समझाइए कि समस्या क्या है।

संख्या (number)

जिन कर्मचारियों को सरकारी मकान दिए जा सके हैं उनकी संख्या बहुत थोड़ी है।

संगठन (organisation)

श्रम संगठनों ने 1 मई का दिवस बड़ी धूमधाम से मनाया।

संगठित (organised)

प्रजातंत्र शासन प्रणाली में अच्छी तरह संगठित दल प्रभावी रूप में काम कर सकते हैं।

संगणक (computor)

अब कई कार्यालयों में आंकड़े रखने तथा बिल आदि बनाने का काम करने के लिए संगणक लगवाए जा रहे हैं।

संगरोध छुट्टी (quarantine leave)

घर में चेचक निकल आने के कारण उसे एक सप्ताह की संगरोध छुट्टी दे दी गई है।

संग्रह (collection)

टिकट संग्रह करना भी अच्छा शौक है।

संग्रहालय (museum)

सदियों पुरानी अनेक महत्त्वपूर्ण वस्तुएं संग्रहालयों में देखी जा सकती हैं।

संघ (union, association)

1. संविधान के अनुसार भारत एक संघ राज्य है।

2. मज़दूर संघ ने महंगाई भत्ता बढ़ाने की मांग की है।

संघर्ष (struggle, conflict)

1. जीवन में संघर्ष करके ही कोई व्यक्ति आगे बढ़ सकता है।

2. काफ़ी समय से दोनों दलों में संघर्ष चल रहा है।

संघ लोक सेवा आयोग (Union Poblic Service Commission)

ऊंचे पदों के लिए भर्ती संघ लोक सेवा आयोग द्वारा की जाती है।

संघ शासित क्षेत्र (union territory)

संघ शासित क्षेत्रों का शासन केन्द्रीय सरकार के हाथ में होता है।

संचालन रजिस्टर (movement register)

यदि कार्यालय में सचालन रजिस्टर ठीक से रखा गया है तो तुरन्त मालूम हो जाएगा कि किस नम्बर की फ़ाइल कहां है।

संचार (communication)

संचार के साधनों में दिन प्रतिदिन उन्नति हो रही है ।

संचालन (to conduct)

बैठक का संचालन ठीक तरह नहीं हुआ इसलिए एजेंडा की कई महत्त्वपूर्ण मदों पर विचार ही नहीं हो पाया।

संतान (children)

सरकारी कर्मचारियों को बच्चों की शिक्षा के लिए सरकार की ओर से संतान शिक्षा भत्ता दिया जाता है।

संतुलन (balance)

कुछ सदस्य इस प्रस्ताव का समर्थन कर रहे हैं और कुछ इसके विरोध में हैं। ऐसा निर्णय लेने का प्रयत्न किया जा रहा है जिसमें दोनों पक्षों के विचारों का संतुलन रहे।

संतुलित (balanced)

संतुलित भोजन खाने से शरीर स्वस्थ रहता है।

संतुष्ट (satisfied)

प्रत्येक व्यक्ति को संतुष्ट करना कठिन कार्य है।

संतुष्टि (satisfaction)

चीफ़ इंजीनियर ने इमारत को स्वयं देखकर इस बात की संतुष्टि कर ली है कि यह ठेके की शर्तों के अनुसार ही बनाई गई है।

संतोष (satisfaction)

मुझे सन्तोष है कि सभी लोग इस काम में अपना सहयोग दे रहे हैं।

सन्तोषजनक (satisfactory)

श्री वर्मा का काम सन्तोषजनक है। उन्हें इसी पद पर आगे भी कार्य करने दिया जाए।

सन्दर्भ (context, reference)

1. आपके तारीख़ 25 जनवरी, 1978 के पत्र के सन्दर्भ में निवेदन है कि···।

2. यह सन्दर्भ ग्रन्थ (reference book) बहुत उपयोगी है।

सन्देश (message)

यह सन्देश बहुत जरूरी था इसलिए इसे तार से भिजवा दिया गया है।

संदेश वाहक (messenger)

इस बारे में वित्त मंत्रालय ने जो विशेष रिपोर्ट मांगी थी, वह उन्हें आज ही विशेष सन्देश वाहक द्वारा भेज दी गई है।

सन्देह (doubt, suspicion)

1. मुझे उसकी नीयत पर सन्देह है।

2. पुलिस को सन्देह है कि चोरी में घरेलू नौकरों का भी हाथ है।

सन्धि (treaty)

दोनों देशों के बीच युद्ध समाप्त हुए कई वर्ष हो गए लेकिन अभी तक वे शांति संधि की शर्तें तय नहीं कर पाए हैं।

सम्पदा (estate)

यदि मरते समय किसी व्यक्ति की काफ़ी सम्पत्ति हो तो उसके उत्तराधिकारी (heir) को उस सम्पत्ति का मालिक बनते समय सम्पदा शुल्क (estate-duty) देना पड़ता है।

सम्पर्क (contact)

सूचना प्राप्त करने के लिए आप जन-सम्पर्क अधिकारी से मिल लें।

सम्पूर्ण (entire)

शांति स्थापना के लिए किए गए प्रयत्नों का सम्पूर्ण जगत में स्वागत हुआ।

सम्पादक (editor)

पत्रिका के सम्पादक को मेरा लेख पसंद आया है और वह उसे अगले अंक में छाप रहे हैं।

सम्बद्ध मिसिल (linked file)

इससे मिलते-जुलते प्रश्न पर सम्बद्ध मिसिल में विचार हो रहा है। कृपया उसे भी आदेश के लिए देख लें।

सम्बद्ध (associate)

ये दोनों विषय एक-दूसरे से सम्बद्ध हैं। इन पर साथ-साथ ही विचार करना उचित होगा।

सम्बोधित (addressed to)

यह पत्र मन्त्री महोदय को सम्बोधित है। इसका उत्तर उन्हें दिखाकर भेजा जाएगा।

सम्भरण (supply)

हमारे विभाग को प्रतिमास जितने टन काग़ज की जरूरत होती है उतनी

मात्रा में काग़ज़ का सम्भरण नहीं किया जा रहा है।

संभव (possible)

आपकी सहायता करने के लिए मैं सब सम्भव प्रयत्न करूंगा।

संभालना (take charge, take care)

1. मैंने आज नये पद का कार्यभार सम्भाल लिया है।

2. आप निश्चित होकर जाइए, मैं आपके सामान की संभाल कर लूंगा।

संभावना (possibility, probability)

कल नगर में उपद्रव होने की संभावना थी इसलिए पुलिस का कड़ा प्रबन्ध था।

संयंत्र (plant)

उर्वरक बनाने के लिए आधुनिकतम संयंत्र लगाया जा रहा है।

संयुक्त (joint, combined)

अच्छा हो कि इस कार्यक्रम का आयोजन दोनों विभागों की ओर से संयुक्त रूप से कर लिया जाए।

संयुक्त राष्ट्र (United Nations)

संयुक्त राज्य अमरीका संयुक्त राष्ट्र संघ का प्रमुख सदस्य है।

संयुक्त सचिव (Joint Secretary)

बैठक में संयुक्त सचिव स्तर के अधिकारियों को बुलाया गया है।

संयोग (coincidence)

संयोग से दुर्घटना के समय मैं भी वहां मौजूद था, अतः उसके सारे तथ्यों की मुझे जानकारी है।

संयोजक (convenor)

मुझे प्रचार समिति का संयोजक बना दिया गया है। मैं इस समिति की बैठक अगले सप्ताह बुलाऊंगा।

संरक्षक (guardian, patron)

1. स्कूलों ने अपने विद्यार्थियों के संरक्षकों से अनुरोध किया है कि नयी पोशाक जल्दी बनवाने में अपना सहयोग प्रदान करें।

2. हमने अपने विभाग के अध्यक्ष से खेलकूद क्लब का संरक्षक बनने का अनुरोध किया है।

संरचना (structure)

इस विभाग की संरचना के बारे में कृपया विस्तार से बताइए।

संलग्न (enclosed, attached)

1. मार्च महीने में सप्लाई किए गए माल का विवरण इस पत्र के साथ संलग्न है।

2. आकाशवाणी महानिदेशालय सूचना तथा प्रसारण मंत्रालय का संलग्न कार्यालय है।

संवर्ग (cadre)

स्टेनोग्राफ़रों का संवर्ग क्लर्कों के संवर्ग से अलग है।

संवाददाता (correspondent)

समाचार एजेंसी के संवाददाता ने ख़बर दी है कि कल की दुर्घटना में तीन व्यक्ति मारे गए।

संवितरण अधिकारी (disbursing officer)

बिल पर संवितरण अधिकारी ने हस्ताक्षर कर दिए हैं।

संविदा (contract)

संविदा के अनुसार माल की डिलीवरी 30 जून तक हो जानी चाहिए थी।

संविधान (constitution)

भारत के संविधान में पिछड़े वर्गों को कुछ विशेष सुविधाएं दी गई हैं।

संवीक्षा (scrutiny)

इस मामले की अच्छी तरह से संवीक्षा की जानी चाहिए।

संशय (doubt)

मुझे इस बात की सच्चाई में संशय हो रहा है।

संशोधन (amendment, modification)

1. वित्त मंत्रालय के कार्यालय-पद्धति मैनुअल में संशोधन किया जा रहा है।
2. मैंने इस प्रारूप (मसौदे) में कुछ संशोधन कर दिया है।

संसद प्रश्न (Parliament question)

यह संसद प्रश्न है। इसका उत्तर कल दिया जाना है।

संसद सदस्य (Member of Parliament)

संसद सदस्यों से प्राप्त हुए पत्रों का उत्तर जल्दी से जल्दी दिया जाना चाहिए।

संस्करण (edition)

यह इस पुस्तक का नया संस्करण है।

संस्तुति (recommendation)

कर्मचारियों को पेंशन के अतिरिक्त लाभ वेतन आयोग की संस्तुति के अनुसार ही दिए जा रहे हैं।

संस्थान (institute)

औद्योगिक प्रशिक्षण संस्थानों में अब अनेक तकनीकी विषयों की शिक्षा दी जा रही है।

संहिता (code)

सभी विभागों की नियम संहिताओं के हिन्दी रूपान्तर भी तैयार कराए जा रहे हैं।

सकल राशि (gross amount)

फिल्म शो कराने से 5,000 रु० की धनराशि प्राप्त हुई और इस पर 1,000 रु० खर्च हुए। इस प्रकार 4,000 रु० की निवल (net) आय हुई।

सक्रिय (active)

वह इस संस्था का सक्रिय कार्यकर्त्ता है।

सक्षम (competent)

1. वह इस कार्य को करने में पूर्ण रूप से सक्षम है।
2. सक्षम प्राधिकारी ने स्टेशनरी की खरीद की मंजूरी दे दी है।

सघन (intensive)

इस क्षेत्र के आर्थिक विकास के लिए सघन कार्यक्रम शुरू किया जा रहा है।

सच (true)

अदालत में गवाही देते समय गवाह को यह शपथ लेनी पड़ती है कि वह जो कुछ कहेगा सच कहेगा।

सचिव (secretary)

सचिव ने इस प्रस्ताव को अनुमोदन के लिए मंत्री महोदय को प्रस्तुत किया है।

सचिवालय (secretariat)

मंत्रिमंडल सचिवालय ने सूचित किया है कि इस विषय से सम्बन्धित प्रस्ताव का मंत्रिमंडल ने अनुमोदन कर दिया है।

सजग (alert)

सेना के जवान सीमा की चौकियों पर सदा सजग रहते हैं।

सतत (continuous)

इस बांध पर सतत काम हुआ तब यह दो वर्षों में पूरा हो पाया।

सतर्कता (vigilance)

1. यह फाइल सतर्कता अनुभाग को भेज दी जाय।
2. देश की सुरक्षा की बाबत सतर्क रहने की आवश्यकता है।

सत्यापन (verification)

किसी भी उम्मीदवार को किसी सरकारी पद पर रखने से पहले उसके चरित्र का सत्यापन करा लिया जाता है।

सभा-पटल (table of the house)

मांगी गई सूचना संसद के सभा-पटल पर रख दी गई है।

समंजन (adjustment)

दौरे पर जाते समय मैंने 500 रु० पेशगी के रूप में लिये थे। इनका समंजन यात्रा भत्ता बिल में करा दिया जाएगा।

समकक्ष (equivalent)

यह परीक्षा बी० ए० के समकक्ष मानी जाती है।

समकालीन (contemporary)

महात्मा गांधी लार्ड माउंटबेटन के समकालीन थे।

समक्ष (before, in front of)

यह प्रस्ताव ट्रिब्यूनल के समक्ष रख दिया गया है।

समग्र (as a whole)

इस प्रश्न के कइ पहलू हैं, कृपया उन सब पर समग्र रूप से विचार करें।

समझ (understand)

मैं यह बात समझ नहीं सका हूं।

समझौता (agreement)

नहरों के पानी के प्रश्न पर बहुत समय से विवाद चल रहा था। सौभाग्य से अब समझौता हो गया है।

समता (equality)

सभी वर्ग के लोगों के साथ समता का व्यवहार होना चाहिए।

समन्वय (coordination)

इस विषय में जो काम विभिन्न अनुभागों में किया जा रहा है उसके समन्वय की जिम्मेदारी……अनुभाग को सौंपी गई है।

सम मूल्य पर (at par)

मैंने इस कम्पनी के शेयर सम मूल्य पर ही ख़रीदे हैं।

समय-समय पर (from time to time)

इस विषय पर समय-समय पर जो आदेश जारी हुए हैं उनके अनुसार यह ज़रूरी है कि……

समय-सारणी (time table)

कृपया रेलवे की समय-सारणी देखकर बताइए कि हावड़ा से दिल्ली के लिए किस-किस समय गाड़ियां जाती हैं।

सत्र (session)

आजकल संसद सत्र चल रहा है।

सत्र न्यायाधीश (session judge)

यह क़त्ल का मामला है, इसकी सुनवाई सत्र न्यायाधीश की अदालत में होगी।

सदन (house)

यह विधेयक (Bill) संसद के दोनों सदनों में पास हो चुका है।

सदस्य (member)

समिति के सदस्यों को अगली बैठक की सूचना दे दी गई है।

सदस्यता (membership)

क्लब का सदस्यता शुल्क पांच रुपये मासिक है।

सदा (always, ever)

प्रशासनिक अधिकारियों को सदा जनसाधारण की भलाई का ध्यान रखना चाहिए।

सदृश (similar, like)

देखने में दोनों इमारत सदृश हैं लेकिन अन्दर की बनावट और सजावट एक-दूसरे से काफी भिन्न है।

सपुर्दगी (delivery)

आपके माल की सुपुर्दगी दोपहर बाद की जाएगी।

सप्ताह (week)

मैं दो सप्ताह की छुट्टी ले रहा हूं।

सफ़र (travelling)

आजकल रेल में बहुत भीड़भाड़ रहती है, इसलिए सफ़र में काफ़ी परेशानी होती है।

सफल (successful)

केवल सफल उम्मीदवारों के नाम घोषित किए जाएंगे।

सफ़ाई (sanitation, cleanliness)

कार्यालय में सफ़ाई रखने का पूरा प्रयत्न किया जा रहा है।

सभा (meeting, assembly)

कल की सार्वजनिक सभा में लगभग पचास हजार व्यक्ति मौजूद थे।

समयोपरि (over time)

कार्यालय के समय के बाद जिन व्यक्तियों से काम कराया जाता है उन्हें समयोपरि भत्ता दिया जाता है।

समर्थन (support)

इस प्रस्ताव का अधिकांश सदस्यों ने समर्थन किया है।

समर्थ प्राधिकारी (competent authority)

समर्थ प्राधिकारी के हस्ताक्षर होने पर ही इस बिल का भुगतान किया जाएगा।

समवर्ती (concurrent)

शिक्षा, कृषि आदि विषय संविधान की समवर्ती सूची में आते हैं।

सम संख्या (even number)

तारीख़ 15 जनवरी, 1978 के सम संख्या वाले पत्र में मैंने आपको सूचित किया था कि……।

समस्या (problem)

यह समस्या ऐसी नहीं है कि उसका हल न हो सके।

समाचार (news)

रेडियो से चुनाव के समाचार प्रसारित हो रहे हैं।

समाज सदन (community hall)

यह समारोह सदन में मनाया जाएगा।

समानान्तर (parallel)

विद्रोहियों ने समानान्तर सरकार चलाने का प्रयत्न किया लेकिन उन्हें विफल कर दिया गया।

समाप्त (finish, terminate, expiry)

यह काम अब समाप्त होने वाला है।

समायोजन (adjustment)

जो राशि पहले पेशगी के रूप में दी गई थी उसका इस बिल में समायोजन कर लिया जाएगा।

समारोह (function, celebration)

गणतंत्र दिवस के समारोह की तैयारियां शुरू हो गई हैं।

समिति (committee)

राजभाषा कार्यान्व्यन समिति की बैठक 10 जनवरी को होनी तय हुई है।

समीक्षा (review)

पुराने मामलों के निपटाने में कितनी प्रगति हुई इसकी समीक्षा हर महीने होनी चाहिए।

समुचित (appropriate)

मंत्री महोदय यहां दौरे पर आने वाले हैं। उनके ठहरने की समुचित व्यवस्था कर दी गई है।

समूल्य (priced)

इस विभाग के सभी प्रकाशन समूल्य हैं। निःशुल्क (मुफ़्त) नहीं मिल सकेंगे।

समूह (group)

समूह 'ख' के कर्मचारियों की नियुक्तियां लोक सेवा आयोग की सिफ़ारिश के

आधार पर की जाती हैं।

समृद्ध (prosperous)

ज्यों-ज्यों उद्योग-धंधे बढ़ेंगे देश अधिक समृद्ध होता जाएगा।

समेकित (consolidated)

सभी कार्यालयों ने सूचना भेज दी है। अब कृपया समेकित विवरण (स्टेटमेंट) तैयार कर दें।

सम्पत्ति (property)

संविधान के अनुसार प्रत्येक व्यक्ति को सम्पत्ति रखने का अधिकार है।

सम्पदा निदेशालय (Directorate of Estates)

दिल्ली में सम्पदा निदेशालय सरकारी मकानों का अलाटमेंट करता है।

सम्पदा शुल्क (estate duty)

जिस व्यक्ति को एक लाख रुपये से अधिक मूल्य की सम्पत्ति विरासत में मिलती है उसे सम्पदा शुल्क चुकाना पड़ता है।

सम्पन्न (prosperous)

अभी हमारा देश इतना सम्पन्न नहीं है कि प्रत्येक नागरिक के पास रेडियो या टेलीविजन हो।

सम्पर्क (liaision, contact)

इस विषय पर आप कृपया प्रशासन अधिकारी से सम्पर्क करें।

सम्पादन (to edit)

इस समाचार-पत्र का सम्पादन बहुत कुशल तथा अनुभवी व्यक्ति द्वारा किया जा रहा है।

सम्पूर्ण (entire, complete)

लोकप्रिय नेता श्री······के निधन पर शोक प्रकट करने के लिए आज संपूर्ण बाजार बन्द है।

सम्बंध (relation)

मेरे उनसे मित्रता के सम्बन्ध हैं।

सम्बंध में (relating to, concerning)

गांव में नया स्कूल खोलने के सम्बन्ध में आपका पत्र मिला।

सम्बंधित (concerned)

सभी सम्बन्धित कार्यालयों को इस निर्णय की सूचना दे दी गई है।

सम्बंधी (relative, relating to)

1. इस परीक्षा में मेरा कोई निकट सम्बन्धी नहीं बैठ रहा है।
2. सुरक्षा सम्बन्धी मामलों पर होने वाला पत्र-व्यवहार गोपनीय रखा जाता है।

सम्बद्ध (attached)

यह कार्यालय शिक्षा मंत्रालय से सम्बद्ध है।

सम्भव (possible)

इस समय आपको छुट्टी देना सम्भव नहीं है। आपके आवेदन पर अगले महीने विचार किया जा सकता है।

सम्मेलन (conference)

विभिन्न भाषाओं के लेखकों का सम्मेलन अगले महीने जयपुर में होगा।

सरकारी (of govt., official)

1. आज सरकारी कार्यालयों की छुट्टी है।
2. अब सरकारी कामकाज हिन्दी में भी होने लगा है।

सरकारी तार (service telegram)

सरकारी तार भी हिन्दी में दिए जाने लगे हैं।

सरल (simple)

इस प्रश्न का उत्तर बहुत सरल है।

सरलीकरण simplification)

कई नियमों का सरलीकरण करने की कार्रवाई की जा रही है।

सराहना (appreciation)

संसद के बजट अधिवेशन के दौरान स्टाफ़ ने जिस मेहनत से काम किया उसकी अधिकारियों ने सराहना की है।

सर्वसम्मत (unanimous)

यह सर्वसम्मत निर्णय था कि इस समिति का कार्यकाल एक वर्ष और बढ़ा दिया जाए।

सर्वेक्षण (survey)

नये तेल भण्डारों की खोज के लिए अनेक स्थानों का सर्वेक्षण किया जा रहा है।

सर्वोच्च न्यायालय (supreme court)

यह मामला इतना महत्त्वपूर्ण नहीं है कि इसकी अपील सर्वोच्च न्यायालय में की जाए।

सर्वोत्तम (best)

उसे इस वर्ष का सर्वोत्तम खिलाड़ी घोषित किया गया है।

सर्वोपरि (over-riding, above all)

विभिन्न दलों ने जो बातें रखी हैं वे सब अपनी-अपनी जगह ठीक हैं किन्तु राष्ट्र का हित सर्वोपरि है।

सलाह (advice)

कानूनी मामलों में विधि मंत्रालय की सलाह लेनी ज़रूरी होगी।

सलाहकार (adviser)

बढ़ती महंगाई को रोकने के लिए क्या उपाय किए जाएं इस पर विचार करने के लिए आर्थिक सलाहकार की अध्यक्षता में एक समिति नियुक्त की गई है।

सवारी (conveyance)

जूनियर इंजीनियर को सरकारी काम-काज से प्रतिदिन कई किलोमीटर जाना पड़ता है। इसके लिए उन्हें 75 रुपये मासिक सवारी भत्ता मंजूर किया गया है।

सविनय (respactfull, with due respect)

सविनय निवेदन है कि मेरी पुत्री का विवाह है, इसलिए मुझे एक महीने की अर्जित छुट्टी दे दी जाए।

सशर्त (conditional)

मकान बनवाने के लिए प्लाट सशर्त मंजूर हुआ है। यदि मकान दो साल में नहीं बनवाया गया तो इसका पट्टा (लीज़) मंसूख़ कर दिया जाएगा।

सशस्त्र (armed)

भारत की सशस्त्र सेनाएं शत्रु का मुकाबला करने के लिए सदैव तैयार रहती हैं।

सहकर्मी (colleague)

हम दोनों सहकर्मी हैं और आयकर विभाग में काम करते हैं।

सहकारिता (co-operation)

सहकारिता विभाग सहकारी समितियों को हर प्रकार का प्रोत्साहन दे रहा है।

सहकारी समिति (co-operative society)

सहकारी समिति के सदस्यों को समिति से कम ब्याज पर ऋण मिल जाता है।

सहन (to endure)

हम देश का अपमान सहन नहीं करेंगे।

सहमति (consent, concurrence)

कार्यालय के लिए 5 टाइपराइटर खरीदने का प्रस्ताव वित्त मंत्रालय के पास भेजा गया था किन्तु उनकी सहमति अभी तक नहीं मिली है।

सहयोग (cooperation, collaboration)

1. आप यह काम शुरू करा दीजिए इसमें आपको हमारा पूरा सहयोग मिलेगा।

2. घड़ी बनाने का कारख़ाना स्विट्ज़रलैण्ड की फ़र्म के सहयोग से लगाया गया है।

सहयोगी (colleague)

मैं अपने सहयोगियों को धन्यवाद देता हूं जिनकी सहायता से यह काम इतनी जल्दी हो पाया।

सहयोजित (co-opted)

यह निर्णय किया गया है कि इस समिति में दो अन्य व्यक्तियों को सदस्य के रूप में सहयोजित कर लिया जाएगा।

सहसा (suddenly)

स्टाफ़कार के सामने सहसा एक बच्चा आ गया और दुर्घटना हो गई।

सहानुभूतिपूर्वक (sympathetically)

गांव में पीने के पानी की कमी को दूर करने के लिए ट्यूबवैल लगाने के संबंध में जो प्रार्थना-पत्र प्राप्त हुआ है उस पर सहानुभूतिपूर्वक विचार किया जाएगा।

सहायक (assistant, subsidiary)

1. यह पत्र सचिव की अनुपस्थिति में सहायक सचिव के हस्ताक्षर से जारी हुआ है।

2. यह एक विदेशी कम्पनी की सहायक कम्पनी है।

सहायक अनुदान (grant-in-aid)

इस सोसाइटी को भारत सरकार के······मंत्रालय से प्रतिवर्ष 5 हजार रुपये का सहायक अनुदान मिलता है।

सहारा (support)

मुसीबत के समय उसके पड़ोसियों ने उसे काफ़ी सहारा दिया।

सहित (including, together with)

आमन्त्रित व्यक्तियों तथा परिवार के सदस्यों सहित इस भोज में लगभग सौ व्यक्ति होंगे।

सहूलियत (convenience)

जिस दिन आपको सहूलियत होगी उस दिन यह बैठक रख ली जाएगी।

सांकेतिक (nominal, token)

1. इस काम के लिए वैसे तो काफ़ी फ़ीस देनी पड़ती है किन्तु उसने दस रुपये की सांकेतिक फ़ीस ही स्वीकार की।

2. बैंक के कर्मचारियों ने आज एक घंटे की सांकेतिक हड़ताल रखी।

सांख्यिकीय (statistical)

भारत सरकार के सांख्यिकीय प्रकाशनों में यह कोशिश की जा रही है कि उनके शीर्षक द्विभाषी रूप में हों।

सांत्वना (consolation)

उस बेचारे पर दुख का पहाड़ टूट पड़ा। उसके मित्र उसे सांत्वना देने आए।

सांविधिक (statutory)

भारत सरकार के सांविधिक नियमों का अनुवाद करने का काम विधायी विभाग को सौंप दिया है।

सांस्कृतिक (cultural)

विदेशी अतिथि के सम्मान में कल शाम एक विशाल सांस्कृतिक कार्यक्रम का आयोजन किया जा रहा है।

साक्षात्कार (interview)

जो व्यक्ति लिखित परीक्षा में सफल हुए हैं उन्हें एक सप्ताह बाद साक्षात्कार के लिए बुलाया जाएगा।

साक्षी (witness)

इस मामले में पुलिस कोई कार्रवाई नहीं कर सकी चूंकि उन्हें घटना-स्थल पर मौजूद रहा कोई व्यक्ति साक्षी के रूप में नहीं मिल सका।

साख (credit)

उसकी बाज़ार में बड़ी साख है। उसे कई लाख रुपये का भी माल आसानी से उधार मिल सकता है।

सादर (with respect, respectfully)

सादर निवेदन है कि……

साधन (means)

इस योजना को पूरा करने के लिए जिन साधनों की आवश्यकता है उन्हें जुटाने के लिए तुरन्त कार्रवाई की जानी चाहिए।

साधारण सभा (general meeting)

कम्पनी की साधारण सभा में आडिटर आदि का चुनाव होगा।

साप्ताहिक (weekly)

कितने मामले निपटाने के लिए बकाया पड़े हैं उसका साप्ताहिक विवरण आपने अभी तक नहीं दिया है कृपया जल्दी भेजें।

साफ़ प्रति (fair copy, clean copy)

इस मसौदे की साफ़ प्रति हस्ताक्षर के लिए प्रस्तुत करें।

सामग्री (material)

पत्रिका के इस अंक के लिए काफ़ी सामग्री आ चुकी है।

सामर्थ्य (ability, competence)

मुझे आपकी सामर्थ्य के बारे में कोई सन्देह नहीं है, आप इस काम को अवश्य कर देंगे ।

सामाजिक (social)

शिक्षा का प्रसार होने से अनेक सामाजिक कुरीतियां दूर हो गई हैं ।

सामान (goods)

हमने अपना सामान मालगाड़ी से भेज दिया है ।

सामान्य (general, normal)

1. भारत सरकार के सामान्य आदेश हिन्दी और अंग्रेज़ी दोनों भाषाओं में निकलते हैं ।

2. कई दिन के उपद्रवों के बाद नगर की स्थिति अब सामान्य हुई है ।

सामान्यत: (generally, normally)

सामान्यत: रविवार को छुट्टी रहती है परन्तु आवश्यक काम होने पर उस दिन भी कार्यालय जाना पड़ता है ।

सामूहिक (collective)

मन्त्रिमंडल द्वारा जो निर्णय लिये जाते हैं उनके बारे में सभी मंत्रियों की सामूहिक ज़िम्मेदारी होती है ।

सार (gist, substance)

कृपया मुझे इस पत्र का सार बता दीजिए ।

सारणी (table)

विभिन्न प्रदेशों की जनसंख्या के आंकड़े नीचे सारणी में दिए गए हैं ।

सारांश (summary)

इस मामले का सारांश नीचे लिखा है ।

सार्वजनिक (relating to public, public)

कल सार्वजनिक छुट्टी होने के कारण सरकारी कार्यालय बन्द रहेंगे ।

सालाना (annual, yearly)

1. स्कूल के सालाना जलसे में ज़िला मजिस्ट्रेट को मुख्य अतिथि के रूप में बुलाया गया है ।

2. छोटे उद्योगों को बैंक से लिए कर्ज़ पर 8 प्रतिशत सालाना की दर से ब्याज देना पड़ता है ।

सावधान (alert, careful)

1. सीमा की चौकियों पर सेना सदा सावधान रहती है ।

2. कृपया सावधान रहें कि समारोह के प्रबन्ध में कोई कमी न रह जाए ।

सावधानीपूर्वक (carefully)

नये आदेश महत्त्वपूर्ण हैं, सभी कर्मचारी इनका सावधानीपूर्वक पालन करें।

साहस (courage)

डाकुओं के आने पर गांववालों ने उनका साहसपूर्वक मुक़ाबला किया।

सिंचाई (irrigation)

सिंचाई की सुविधाएं न होने से इस क्षेत्र में अधिक उपज नहीं हो पाती।

सिद्धांत (principle, theory)

1. कमेटी की सारी सिफ़ारिशें सिद्धांत रूप में मान ली गई हैं।

2. सैद्धांतिक चर्चा काफ़ी समय हो चुकी है, अब कोई ठोस तथा व्यावहारिक योजना बनाई जानी चाहिए।

सिफ़ारिश (recommendation)

कर्मचारियों की सेवा शर्तों में सुधार करने के बारे में वेतन आयोग ने कई महत्त्वपूर्ण सिफ़ारिशें की हैं।

सीमा (limit, border)

1. मैं आपकी बात उचित सीमा तक ही मान सकता हूं, उसके बाहर नहीं।

2. भारत-पाकिस्तान की सीमा पर तस्करी (स्मगलिंग) रोकने के लिए कड़ी कार्रवाई की जा रही है।

सीमा-शुल्क (customs duty)

विदेशों से मंगाए जाने वाले कपड़े पर सीमा-शुल्क की दर बढ़ा दी गई है।

सीमित (limited, restricted)

तहसीलदार का कार्य-क्षेत्र अपनी तहसील तक ही सीमित है।

सुझाव (suggestion)

योजना का प्रारूप प्रकाशित कर दिया गया है। इसके बारे में जनता से जो सुझाव प्राप्त होंगे, उन पर विचार करके इसमें आवश्यक संशोधन कर दिए जाएंगे।

सुदूर (remote, very far)

1. वर्षा काल में पहाड़ी क्षेत्र के सुदूर गांवों में पहुंचना कठिन हो जाता है।

2. सुदूर पूर्व (Far East) के देशों में काफ़ी आर्थिक प्रगति हुई है।

सुधार (reform, improvement)

1. भारत में अनेक कुरीतियां थीं। उन्हें दूर करने के लिए स्वाधीनता आंदोलन के साथ समाज सुधार आंदोलन भी चलाए गए।

2. गांवों की हालत में लगातार सुधार होता जा रहा है।

सुनिश्चित (ensure)

कृपया यह सुनिश्चित करें कि हिन्दी भाषी राज्यों के साथ सारा पत्र-व्यवहार हिन्दी में ही किया जाए ।

सुपाठ्य (legible)

आपके हाथ की लिखाई सुपाठ्य है ।

सुपुर्द (entrust)

यह सामान आपके सुपुर्द किया गया है । कृपया इसे संभालकर रखें ।

सुप्रतिष्ठित (reputed)

पुल के निर्माण के लिए सुप्रतिष्ठित फर्मों से टेंडर मंगवाए गए हैं ।

सुप्रसिद्ध (famous)

इस वर्ष…भाषा के सुप्रसिद्ध कवि श्री…को भारतीय ज्ञानपीठ का पुरस्कार मिला है ।

सुरक्षा (security)

कारखाने से बाहर सामान ले जाने के लिए सुरक्षा अधिकारी को गेट-पास दिखाना होगा ।

सुराग़ (clue)

कल रात हुई चोरी का कोई सुराग नहीं मिला ।

सुलभ (easily available)

गेहूं का अन्न अभाव नहीं है, सभी जगह सुलभ है ।

सुलभ संदर्भ (ready reference)

इस विषय पर पिछले वर्ष जारी हुए आदेशों की प्रतिलिपि सुलभ संदर्भ के लिए इस पत्र के साथ भेजी जा रही है ।

सुविचारित (well considered)

राज्य सरकार ने कृषि विकास के संबंध में अपने जो सुविचारित प्रस्ताव भेजे थे उन्हें केन्द्रीय सरकार ने मान लिया है ।

सुविदित (well known)

इस बारे में सरकार की नीति सुविदित है ।

सुविधा (facility, convenience)

1. पिछड़े क्षेत्रों के विकास के लिए सरकार की ओर से अनेक सुविधाएं दी जा रही हैं ।

2. जिस दिन आपको सुविधा हो, उस दिन बैठक रख ली जाएगी ।

सुव्यवस्थित (well organised, well arranged)

कार्यालय यदि सुव्यवस्थित हो तो थोड़े कर्मचारी होते हुए भी अधिक काम किया जा सकता है ।

सुस्त (lazy)

कुछ मज़दूर बिल्कुल ही सुस्त हैं, इसलिए काम जल्दी नहीं हो पा रहा है।

सुस्ताना (relax, rest)

आज सारे दिन लगातार काम करना पड़ा है, अब कुछ मिनट सुस्ता रहा हूं।

सूचक अंक (index number)

सभी वस्तुओं की क़ीमतें बढ़ी हैं इससे इस सप्ताह का मूल्य सूचकांक (price index) 2.2 बढ़ गया है।

सूचना (information, notice)

1. कई कार्यालयों ने अभी तक सूचना नहीं भेजी है।

2. सूचना-पट्ट (नोटिस बोर्ड) पर यह स्पष्ट रूप से लिखा है कि संग्रहालय सोमवार को बन्द रहेगा।

सूचनार्थ (for information)

······निदेशालय से प्राप्त हुए पत्र को कृपया सूचनार्थ देख लें।

सूची (list)

परीक्षा में सफल हुए उम्मीदवारों की सूची नोटिस बोर्ड पर लगा दी गई है।

सूत्र (formula)

त्रिभाषी सूत्र के अन्तर्गत भारत के सभी भागों में हिन्दी, अंग्रेज़ी तथा क्षेत्रीय भाषा (अथवा हिन्दी भाषी क्षेत्रों में हिन्दी के अतिरिक्त एक अन्य भारतीय भाषा) पढ़ाई जानी चाहिए।

सृजन (creation)

कार्यालय का काम बहुत बढ़ गया है इसलिए क्लर्कों के चार अतिरिक्त पदों का सृजन किया गया है।

सेना (army)

सेना को आधुनिक शस्त्र दिए जा रहे हैं।

सेवा (service)

मैं दस वर्ष से सरकारी सेवा में हूं।

सेवा निवृत्ति (retirement from service)

यह पद श्री······की सेवा निवृत्ति के कारण 1 जनवरी से ख़ाली है।

सेवा में (to—while addressing a letter, word denoting respect)

1. सेवा में : कलक्टर महोदय, मेरठ

2. सेवा में निवेदन है कि······। मैं आपकी सेवा में उपस्थित हूं।

सैनिक (military man, military)

1. रेलगाड़ी में दो डिब्बे सैनिकों के लिए रिज़र्व हैं।

2. सैनिक अस्पताल निकट ही है।

सौंपना (entrust, place at the disposal of)

1. यह महत्त्वपूर्ण काम आपको सौंपा जा रहा है आशा है आप कुशलतापूर्वक पूरा करेंगे ।

2. श्री शर्मा की सेवाएं पंजाब सरकार को सौंप दी गई हैं ।

स्कंध (wing)

शिक्षा निदेशालय का परीक्षा स्कंध मैट्रिक का परीक्षाफल इस सप्ताह घोषित कर देने का प्रयास कर रहा है ।

स्तब्ध (stunned)

आज की आश्चर्यजनक घटना देखकर हम सभी स्तब्ध रह गए ।

स्तर (level, standard)

1. यह बैठक उच्च स्तर पर बुलाई गई है जिससे निर्णय लेने में और विलम्ब न हो ।

2. विश्वविद्यालय ने परीक्षा का स्तर ऊंचा करने का निश्चय किया है ।

स्थगित (postponed)

परीक्षा एक महीने के लिए स्थगित कर दी गई है ।

स्थल (site, location)

जिस स्थल पर इमारत का निर्माण होना है उसका निरीक्षण कई बार हो चुका है ।

स्थानान्तरण (transfer from one place to another)

अप्रैल में कई इंजीनियरों का स्थानान्तरण होने की संभावना है ।

स्थानापन्न (officiating)

निदेशक दो महीने की छुट्टी पर हैं । उनकी जगह इस समय श्री······स्थानापन्न रूप में काम कर रहे हैं।

स्थानीय (local)

इस मामले की जांच स्थानीय अधिकारियों से कराई जा रही है ।

स्थापना (establishment)

नियुक्ति और पदोन्नति के आदेश स्थापना अनुभाग द्वारा जारी किए जाएंगे ।

स्थापित (established, founded)

इस संस्था को स्थापित हुए पचास वर्ष हो गए हैं ।

स्थायीवत (quasi permanent)

जो कर्मचारी किसी भी पद पर स्थायी नहीं हैं, उन्हें तीन वर्ष से अधिक की सेवा सन्तोषजनक रूप से करने पर स्थायीवत घोषित कर दिया जाता है ।

स्थायी (permanent, standing)

1. सहायक निदेशक का पद अभी स्थायी नहीं किया गया ।

2. स्थायी समिति (स्टैंडिंग कमेटी) की बैठक अगले मास होगी।

स्थित (located, situated)

हिन्दीभाषी क्षेत्रों में स्थित कार्यालयों से आशा की जाती है कि वे सरकारी कामकाज में हिन्दी का अधिकाधिक प्रयोग करें।

स्थिति (position, situation)

1. कृपया इस मामले की वर्तमान स्थिति शीघ्र बताएं।
2. नगर में पुलिस का कड़ा प्रबन्ध कर दिया गया है, इससे स्थिति क़ाबू में है।

स्नातक (graduate)

बेरोज़गार स्नातकों की संख्या हर साल बढ़ती जा रही है।

स्नातकोत्तर (post graduate)

अब महिलाएं भी विज्ञान में स्नातकोत्तर डिग्रियां प्राप्त कर रही हैं।

स्पष्ट (clear, obvious)

1. हमने यह स्पष्ट कर दिया है कि ये आदेश 1 जनवरी से लागू होंगे।
2. पिछले सप्ताह जो घटनाएं हुई हैं उससे यह स्पष्ट है कि कुछ बाहर के तत्त्व विद्यार्थियों को भड़का रहे हैं।

स्पष्टीकरण (explanation, clarification)

1. वह कल बिना अनुमति के ग़ैर-हाज़िर (अनुपस्थित) रहा, इसके लिए उससे स्पष्टीकरण मांगा जा रहा है।
2. अब मंत्रालय से यह स्पष्टीकरण आ गया है कि जो व्यक्ति पिछले साल रिटायर हो चुके हैं उन्हें भी इन आदेशों का लाभ मिलेगा।

स्फीति (inflation)

मुद्रा-स्फीति के कारण सभी वस्तुओं की क़ीमतें बढ़ती जा रही हैं।

स्मरण (remember, recollect)

आपको स्मरण होगा कि पिछले महीने मैंने आपसे चर्चा की थी कि……।

स्मारक (memorial, monument)

यह स्मारक उन भारतीय जवानों की यादगार में बनवाया गया है जिन्होंने देश की रक्षा में अपने प्राणों का बलिदान किया।

स्मारिका (souvenir)

इस संगठन की स्वर्ण जयन्ती (गोल्डन जुबिली) के अवसर पर स्मारिका प्रकाशित करने का निश्चय किया गया है।

स्रोत (source)

बढ़ते हुए खर्च को पूरा करने के लिए हमें अपनी आमदनी के स्रोत बढ़ाना भी ज़रूरी है।

स्वचालित (automatic)

भारतीय सेना के पास अब अधिकांश शस्त्र स्वचालित हैं।

स्वच्छ प्रति (fair copy)

पत्र की **स्वच्छ** प्रति हस्ताक्षर के लिए प्रस्तुत है।

स्वतःपूर्ण (self-contained)

यह फ़ाइल अब महानिदेशक के पास आनी है। कृपया स्वतःपूर्ण टिप्पणी (नोट) तैयार कीजिए।

स्वतःस्पष्ट (self-explanatory)

जो पत्र आया है वह स्वतः स्पष्ट है।

स्वभाव (nature, temperament)

उसका बड़ा मधुर स्वभाव है।

स्वयम् (in person, self)

1. मुझे कल अदालत में स्वयं उपस्थित होना पड़ेगा।

2. यह सब मेरी स्वयं-अर्जित (self earned) सम्पत्ति है।

स्वर्गीय (deceased, late Shri)

इस इमारत का उद्‌घाटन स्वर्गीय श्री लाल बहादुर शास्त्री ने किया था।

स्वर्ण जयन्ती (golden jubilee)

किसी संस्था की स्थापना के पचास वर्ष बाद उसकी स्वर्ण जयन्ती मनाई जाती है।

स्वस्थ (healthy)

कुछ लोगों की राय है कि रेल-दुर्घटना होने पर रेल-मंत्री जी ने अपने पद से त्यागपत्र देकर स्वस्थ परंपरा आरम्भ की है।

स्वागत (reception, welcome)

अतिथि के पहुंचने पर उनका हार्दिक स्वागत किया गया।

स्वाभाविक (natural)

बहुत समय से अनाज और चीनी की कमी है, इससे जनता में असन्तोष होना स्वाभाविक है।

स्वामित्व (ownership)

राजभाषा क़ानून के कई अंश उन कपंनियों पर भी लागू होते हैं जो सरकार के स्वामित्व में हैं।

स्वायत्त (autonomous)

स्वायत्त संगठनों के आन्तरिक कामकाज में सरकार आम तौर पर दख़ल नहीं देती।

स्वार्थी (selfish)

स्वार्थी लोगों से सावधान रहना चाहिए ।

स्वास्थ्य (health)

हैज़े की रोकथाम के लिए स्वास्थ्य विभाग कार्रवाई कर रहा है ।

स्वीकार्य (admissible)

आपके लिए पन्द्रह दिन की अर्जित छुट्टी स्वीकार्य है ।

स्वीकृति (acceptance, sanction)

1. हमने मुख्यमंत्री जी से निवेदन किया था कि वे हमारे समारोह का उद्‌घाटन करें । उनकी स्वीकृति की सूचना आ गई है ।

2. इस ख़र्च के लिए वित्त विभाग की स्वीकृति मिल गई है ।

स्वेच्छापूर्वक (voluntarily)

अनेक सरकारी कर्मचारी स्वेच्छापूर्वक हिंदी में काम करने लगे हैं ।

स्वैच्छिक (voluntary)

शिक्षा और समाज-सेवा के क्षेत्र में कई स्वैच्छिक संस्थाएं महत्त्वपूर्ण काम कर रही हैं ।

हक़दार (entitled)

मैं अब टाइप चार के क्वार्टर का हक़दार हूं । बारी आने पर मुझे इस टाइप का क्वार्टर मिल जाना चाहिए ।

हक़ (titel, entitlement)

आपको यह सिद्ध करना होगा कि उस मकान पर आपका हक़ है ।

हठात् (suddenly, by force)

कुछ सदस्यों को हठात् कमरे से बाहर कर दिया गया जिससे वे बैठक में भाग नहीं ले सके ।

हताहत (casualties)

सीमा पर हुई मुठभेड़ में अनेक व्यक्ति हताहत हुए हैं ।

हतोत्साहित (disheartened, discouraged)

खेलकूद में यदि कभी हार हो जाए तो उससे हतोत्साहित नहीं होना चाहिए ।

हत्या (murder)

हत्या के अपराध में दो व्यक्तियों को फांसी की सज़ा दी गई ।

हथकरघा (handloom)

हथकरघा उद्योग को काफ़ी प्रोत्साहन दिया जा रहा है फिर भी उन्हें अनेक समस्याओं का सामना करना पड़ रहा है ।

हद (extent, limit)

1. यह देखना होगा कि आपके कार्यालय में सरकार के इन आदेशों का पालन किस हद तक हो रहा है।

2. अनियमितता की भी हद होती है, अब तुरन्त कड़ी कार्रवाई की जानी चाहिए।

हदबन्दी (delimitation)

दोनों देशों के बीच काफ़ी समय से सीमा-सम्बन्धी विवाद चल रहा था। अब दोनों पक्षों के बीच हुए समझौते के आधार पर हदबंदी करने की कार्रवाई की जा रही है।

हराना (to defeat)

इस सप्ताह हुए क्रिकेट मैच में भारत की टीम ने·········की टीम को चार विकिट से हरा दिया।

हर्जाना (damages)

ठेकेदार को बता दिया गया है कि यदि सामान नियत अवधि में सप्लाई न किया गया तो उससे हर्जाना वसूल कर लिया जाएगा।

हलफ़नामा (affidavit)

मकान बनाने के लिए ऋण प्राप्त करने के सम्बन्ध में प्रार्थी को इस बात का हलफ़नामा दाखिल करना होगा कि जिस ज़मीन पर मकान बनना है वह उसकी ही मिलकियत है।

हवाई अड्डा (aerodrome)

विदेश से आए अतिथियों को छोड़ने के लिए हमारे विभाग के प्रमुख अधिकारी हवाई अड्डे पर गए हैं।

हवाई डाक (air mail)

यह पत्र ज़रूरी है, इसे हवाई डाक से भेजिए।

हवाला (reference)

दूसरे विभाग को लिखते समय पहले पत्रों का हवाला भी देना ज़रूरी है जिससे वे उचित कार्रवाई कर सकें।

हवाले करना (to hand over, to deliver)

आज सुबह लोगों ने दो व्यक्तियों को चोरी करते पकड़ लिया और बाद में पुलिस के हवाले कर दिया।

हस्तक्षेप (interfernce, intervention)

कई बड़े देश अपने राजनैतिक स्वार्थों के लिए अन्य देशों के आंतरिक मामलों में हस्तक्षेप करते रहते हैं।

हस्तांतरण (transfer—from one person to another)

इस टिकट को कोई व्यक्ति किसी दूसरे व्यक्ति को हस्तांतरित नहीं कर सकता।

हस्ताक्षर (signature)

चैक पर ठीक उसी प्रकार हस्ताक्षर कीजिए जिस प्रकार आपने बैंक को नमूने के रूप में दिए हैं।

हाज़िरी (attendance)

शिक्षण संस्थाओं में विद्यार्थियों की प्रतिदिन हाज़िरी ली जाती है।

हानि (loss, damage)

1. दो महीने हड़ताल चलने से कारखानों को काफ़ी हानि हुई है।
2. तेज़ वर्षा और तूफ़ान से फसलों को बहुत हानि हुई है।

हार (defeat)

इस बार के चुनाव में कई ऐसे व्यक्ति हार गए जो विधानसभा या लोक सभा में कई वर्षों से सदस्य चले आ रहे थे।

हार्दिक (heartily, hearty)

आपको जो शानदार सफलता मिली है उसके लिए हमारी हार्दिक बधाई स्वीकार करें।

हाल ही में (recently)

सरकार ने हाल ही में यह निर्णय किया है कि महंगाई भत्ते की दरें बढ़ा दी जाएं।

हाशिया (margin)

कृपया हाशिए में लिखी गई टिप्पणी देखें और उसके अनुसार कार्रवाई करें।

हास्यास्पद (ridiculous)

आज की बैठक में कोई भी व्यक्ति समय पर उपस्थित नहीं था। यह स्थिति हास्यास्पद है।

हिंसक (violent)

हिंसक भीड़ ने भारी पथराव किया और कई दुकानों को आग भी लगा दी।

हिचकना (to hesitate)

जिन व्यक्तियों को अंग्रेज़ी में काम करने का अभ्यास रहा है वे भारतीय भाषाओं में काम करते हुए हिचकते हैं। लेकिन यदि वे एक बार लिखना शुरू कर दें तो उनकी हिचक स्वयं मिट जाएगी।

हिज्जे (spelling)

हिंदी के हिज्जे काफ़ी आसान होते हैं।

हित (interest)

जीवन का बीमा कराना अपने ही हित की बात है।

हितकारी निधि (benevolent fund)

लगभग प्रत्येक विभाग में हितकारी निधि की स्थापना की गई है जिससे ज़रूरत के समय कर्मचारियों को सहायता मिल सके।

हिताकांक्षी (well-wisher)

मैं आपका हिताकांक्षी हूं, शत्रु नहीं। आशा है आप मेरी सलाह पर ध्यान देंगे।

हिदायत (instruction)

विभाग ने इस विषय पर विस्तृत हिदायतें भेजी हैं।

हिम्मत (courage)

कल रात डाकुओं का मुक़ाबला करने में महिलाओं ने बड़ी हिम्मत से काम लिया और दो डाकुओं को पकड़ भी लिया।

हिरासत (custody)

उपद्रव के समय पुलिस मौक़े पर पहुंच गई और उसने चार व्यक्तियों को हिरासत में ले लिया।

हीरक जयन्ती (diamond jubilee)

इस विभाग को बने 60 वर्ष होने वाले हैं। इस सिलसिले में विभाग की हीरक जयन्ती मनाने का विचार किया जा रहा है।

हेतु (purpose)

नौकरी प्राप्त करने हेतु उसने अपना नाम रोज़गार कार्यालय में लिखा दिया है।

हैसियत (capacity, status)

1. मैंने यह पत्र संस्था के अध्यक्ष की हैसियत से लिखा है।
2. समाज में डॉक्टर और इंजीनियर अच्छी हैसियत वाले व्यक्ति माने जाते हैं।

होनहार (promising)

वह होनहार विद्यार्थी है, सदा प्रथम श्रेणी में उत्तीर्ण होता है।

होश (senses)

1. मोटर दुर्घटना में घायल होने पर वह काफ़ी समय अचेत पड़ा रहा और उसे कई घंटे बाद होश आया।
2. यह मामला नाजुक है, होश में रहकर काम करिए।

होशियार (clever)

वह अपने काम में बहुत होशियार है इसलिए उसके काम की सभी प्रशंसा

करते हैं ।

हौसला (courage, morale)

1. शत्रु के भयंकर आक्रमण का मुक़ाबला करते हुए हमारी सेना ने हौसले से काम लिया ।

2. विपत्ति के समय भी अपना हौसला नहीं खोना चाहिए ।

विपरीतार्थक शब्द

शब्द	विपरीतार्थक	शब्द	विपरीतार्थक
अंत	अनंत	अप्रसन्न	प्रसन्न
अंतिम	अनंतिम	अप्रिय	प्रिय
अन्दर	बाहर	अफ़सोस	ख़ुशी
अंधकार	प्रकाश	अबोध	सुबोध
अक्सर	लगातार	अभागा	भाग्यवान
अखंड	खंडित	अभाव	बहुतायत
अगला	पिछला	अमीर	ग़रीब
अगुआ	पिछलग्गू	अर्थ	अनर्थ
अचल	चल	अवगुण	गुण
अचेत	चेतन	अवैतनिक	वैतनिक
अच्छा	बुरा	अशुद्ध	शुद्ध
अज्ञान	ज्ञान	अशुभ	शुभ
अर्थ	अनर्थ	असंभव	संभव
अदब	बेअदबी	असत्य	सत्य
अदायगी	ग़ैरअदायगी	असभ्य	सभ्य
अधिक	कम	असली	नक़ली
अधिकार	अनधिकार	असहयोग	सहयोग
अधीर	धैर्यवान	असावधान	सावधान
अधूरा	पूरा	अस्वस्थ	स्वस्थ
अनजान	जानकार	अस्वीकार	स्वीकार
अनपढ़	पढ़ा-लिखा	अहित	हित
अनादर	आदर	आक्रमण	रक्षा, अनाक्रमण
अनुकूल	प्रतिकूल	आख़िर	शुरू
अनुचित	उचित	आगमन	गमन, प्रस्थान
अनुपस्थित	उपस्थित	आगे	पीछे
अनुभव	अननुभव	आज़ाद	ग़ुलाम
अनुशासन	अनुशासनहीनता	आदर	निरादर
अन्याय	न्याय	आदान	प्रदान
अपकार	उपकार	आदि	अन्त
अपना	पराया, ग़ैर	आना	जाना
अपयश	यश	आन्तरिक	बाह्य

आय	व्यय	औपचारिक	अनौपचारिक
आयात	निर्यात	कच्चा	पक्का
आरंभ	अंत	कठिन	सरल
आवश्यक	अनावश्यक	कठोर	नरम
आशा	निराशा	कड़ुवा	मीठा
आश्रय	निराश्रय	कपूत	सपूत
आसान	कठिन	कम	अधिक
आज्ञा	अवज्ञा	कमजोर	मज़बूत
इच्छा	अनिच्छा	क़रीब	दूर
इधर	उधर	क़ानूनी	ग़ैरक़ानूनी
ईमानदार	बेईमान	क़ाबिल	नाक़ाबिल
उचित	अनुचित	क़ाबू	बेक़ाबू
उठना	बैठना	कामयाब	नाकामयाब
उतरना	चढ़ना	कायर	वीर
उतार	चढ़ाव	कारगर	बेकार
उत्कृष्ट	निकृष्ट	कारण	अकारण
उत्तम	निकृष्ट	कीर्ति	अपकीर्ति
उत्तरदायी	अनुत्तरदायी	कुंवारा	ब्याहा
उत्तीर्ण	अनुत्तीर्ण	कुकर्म	सुकर्म
उत्थान	पतन	कुशल	अकुशल
उत्साह	निरुत्साह	कृतज्ञ	कृतघ्न
उदार	अनुदार	कोमल	कठोर
उद्देश्य	निरुद्देश्य	क्रय	विक्रय
उधार	नक़द	खट्टा	मीठा
उन्नति	अवनति	खड़ा	बैठा
उपकार	अपकार	ख़बरदार	बेख़बर
उपजाऊ	बंजर	ख़रीदना	बेचना
उपयोगी	अनुपयोगी	ख़र्च	आमदनी
उपस्थित	अनुपस्थित	खुला	बंद
उम्मीद	नाउम्मीद	ख़ूबसूरत	बदसूरत
ऊंचा	नीचा	खेद	प्रसन्नता
ऊपर	नीचे	खोना	पाना
एकता	फूट	खोलना	बंद करना
ऐसा	वैसा	गंदा	साफ़

गठन	विगठन	जीना	मरना
गर्म	ठंडा	जीवन	मृत्यु
ग़रीब	अमीर	जीवित	मृत
गाढ़ा	पतला	जुड़ना	अलग होना
गायब	प्रकट	जुदाई	मिलन
गुण	अवगुण, दोष	जुर्माना	इनाम
गुलामी	आज़ादी	जैसा	तैसा
ग़ैरहाज़िर	हाज़िर	जोड़ना	अलग करना, घटाना
ग्रहण करना	त्यागना	ज़ोरदार	कमज़ोर
घटाना	जोड़ना	ज्ञान	अज्ञान
घटिया	बढ़िया	ज़्यादा	कम
घाटा	नफ़ा	झगड़ा	मेल
घुड़कना	पुचकारना	झटपट	धीरे-धीरे
चढ़ना	उतरना	झिझक से	बेझिझक
चल	अचल	झूठ	सच
चालाक	बुद्धू	झोंपड़ी	महल
चौड़ा	संकरा	टूटना	जुड़ना
छोटा	बड़ा	टेढ़ा	सीधा
जन्म	मरण	ठंठा	गर्म
जय	पराजय	ठहरना	चलना
ज़रूरी	ग़ैर-ज़रूरी	ठीक	ग़लत
जल्दी	देर से	डरपोक	निडर
जवाब	सवाल	ढंग	बेढंग
जहां	तहां	ढीला	कसा
ज्येष्ठ	कनिष्ठ	तकलीफ़	आराम
जागना	सोना	तनिक	अधिक
जानकार	अनजान	ताक़त	कमज़ोरी
जानकारी	अज्ञानता	ताज़ा	बासी
जायज़	नाजायज़	ताप	शीत
जाली	असली	तारीफ़	बुराई
ज़िन्दगी	मौत	तिरस्कार	सत्कार
ज़िन्दा	मरा	तीव्र	मन्द
ज़िम्मेदार	ग़ैर-ज़िम्मेदार	तुच्छ	महान
जीत	हार	तुरंत	विलम्ब से

तोड़ना	जोड़ना	धैर्यवान	अधीर
त्याग	ग्रहण	नक़द	उधार
थोड़ा	बहुत	नक़ली	असली
दक्ष	अदक्ष	नज़दीक	दूर
दयालु	कठोर	नदारद	मौजूद
दरिद्र	सम्पन्न	नफ़ा	नुक़सान
दायां	बायां	नमकहराम,	नमकहलाल, स्वामिभक्त
दाग़	बेदाग़	नम्रता	उद्दंडता
दासता	स्वाधीनता	नया	पुराना
दुआ	बददुआ	नर	मादा
दुःख	सुख	नर्म	कठोर
दुःखान्त	सुखान्त	नाउम्मीद	उम्मीद
दुराचार	सदाचार	नाकाम	कामयाब
दुर्गति	सद्गति	नाख़ुश	खुश
दुर्गन्ध	सुगंध	नाजायज़	जायज़
दुर्दिन	सुदिन	नादान	समझदार
दुर्बल	सबल	नापसन्द	पसन्द
दुर्भाग्य	सौभाग्य	नाबालिग़	बालिग़
दुर्लभ	सुलभ	नामंजूर	मंजूर
दुर्व्यवहार	सद्व्यवहार	नामुमकिन	मुमकिन
दुलार	दुत्कार	नाराज़	ख़ुश
दुश्मन	दोस्त	नालायक़	लायक़
दूर	पास	नासमझ	समझदार
दृश्य	अदृश्य	निंदा	प्रशंसा
देना	लेना	निकट	दूर
देर	सबेर	निकलना	घुसना
देश	विदेश	निकास	प्रवेश
दोषी	निर्दोष	निडर	डरपोक
दंड	पुरस्कार	नियंत्रित	अनियंत्रित
धनवान	निर्धन	नियत	अनियत
धर्म	अधर्म	नियमित	अनियमित
धीमा	तीव्र	निरंतर	कभी-कभी
धीरे	जल्दी	निरक्षर	साक्षर
धृष्ट	नम्र	निराला	सामान्य

निराशा	आशा	परतंत्र	स्वतंत्र
निर्जीव	सजीव	परदेश	स्वदेश
निर्णीत	अनिर्णीत	पराधीन	स्वाधीन
निर्दयी	दयालु	पराया	अपना
निर्दोष	दोषी	परिचित	अपरिचित
निर्धन	धनवान, धनाढ्य	परिश्रम	आलस्य
निर्बल	बलवान	परिहार्य	अपरिहार्य
निर्भय	भयभीत	पर्याप्त	अपर्याप्त
निर्मल	दूषित	पवित्र	अपवित्र
निर्लज्ज	लज्जाशील	पश्चात्	पूर्व
निश्चय	अनिश्चय	पसन्द	नापसन्द
निश्चित	अनिश्चित	पहले	बाद में
निषेध	अनुमति	पात्र	अपात्र
निष्क्रिय	सक्रिय	पाना	खोना
निःस्वार्थ	स्वार्थी	पापी	पुण्यात्मा
निःसंकोच	ससंकोच	पालतू	जंगली
निहत्था	सशस्त्र	पिछड़ना	आगे बढ़ना
नींद	जागरण	पिछला	अगला
नीचा	ऊंचा	पुण्य	पाप
नीचे	ऊपर	पुरस्कार	दंड
नीरस	सरस	पुष्ट	अपुष्ट
नीरोग	रोगी	पूर्ण	अपूर्ण
नुकसान	फ़ायदा	पूर्ति	अभाव
नेकनामी	बदनामी	प्यार	नफ़रत
नेकी	बदी	प्रकाश	अंधकार
नैतिक	अनैतिक	प्रचुरता	अभाव
न्याय	अन्याय	प्रत्यक्ष	परोक्ष
पकड़ना	छोड़ना	प्रतिबंध	छूट
पक्का	कच्चा	प्रतिवादी	वादी
पक्ष	विपक्ष	प्रतिष्ठित	बदनाम
पक्षपात	निष्पक्ष	प्रभावी	निष्प्रभावी
पतन	उत्थान	प्रयोजन	निष्प्रयोजन
पतला	गाढ़ा	प्रवेश	निर्गम
पनाह	बेपनाह	प्रशंसा	निंदा

प्रश्न	उत्तर	बहुत	थोड़ा
प्रसन्न	अप्रसन्न	बहुमत	अल्पमत
प्रस्थान	आगमन	बांधना	खोलना
प्रातःकाल	सांयकाल	बायें	दायें
प्रिय	अप्रिय	बाधा	बाधाहीनता
प्रेम	घृणा	बारम्बार	कभी-कभी
प्रोत्साहन देना	निरुत्साहित करना	बारी	बिना बारी
फटकारना	शाबाशी देना	बासी	ताजी
फ़तह	हार	बाहर	अन्दर
फाड़ना	सीना	बाहरी	अन्दरूनी
फ़ायदा	नुकसान	बिक्री	ख़रीद
फैलाना	समेटना	बिखेरना	समेटना
बन्द	खुला हुआ	बिगाड़ना	संभालना
बचत	खर्च	बिना	सहित
बचना	फंसना	बुझाना	जलाना
बच्चा	बूढ़ा	बुद्धिमान	मूर्ख
बड़प्पन	ओछापन	बुद्धू	बुद्धिमान
बड़ा	छोटा	बुरा	अच्छा
बढ़ना	घटना	बेइंसाफी	इंसाफ़
बढ़ाना	घटाना	बेइज्ज़ती	इज्ज़त
बढ़िया	घटिया	बेईमान	ईमानदार
बदक़िस्मत	खुशक़िस्मत	बेक़सूर	क़सूरवार
बदनसीब	खुशनसीब	बेक़ायदा	क़ायदे से
बदनामी	नेकनामी	बेकार	कारामद
बदनीयत	नेकनीयत	बेगुनाह	गुनहगार, दोषी
बदबू	खुशबू	बेजा	जायज
बदमिज़ाज	खुशमिज़ाज	बेजान	ज़िंदा
बदसूरत	ख़ूबसूरत	बेडौल	सुडौल
बदी	नेकी	बेमौक़ा	मौक़े से
बनाना	बिगाड़ना	बेरहम	रहमदिल
बनावटी	असली	बेवकूफ़	अक्लमंद
बलवान	दुर्बल	बेशर्म	शर्मदार
बसाना	उजाड़ना	बैठना	उठना
बहादुर	बुज़दिल, कायर		

□□